ちくま新書

東京タワーとテレビ草創期の物語
――映画黄金期に現れた伝説的ドラマ

北浦寛之
Kitaura Hiroyuki

1758

東京タワーとテレビ草創期の物語
——映画黄金期に現れた伝説的ドラマ

【目次】

序章　東京タワーと映像メディア

†東京タワーを「見る」

東京タワーは一九五八年一二月二三日の開業以来、多くの人に愛され、親しまれてきた。白とオレンジを配色した三三三メートルのその巨大な鉄塔は、いまでこそスカイツリーに高さの面では追い抜かれたものの、まだ、東京に高層建築物がほとんどなかった時代に、エッフェル塔を超える世界一の塔という喧伝も相俟って大きな注目を集め誕生した。じつに開業翌年の一九五九年には、上野動物園の年間入場者数記録、三六〇万人をはるかに凌ぐ、五一三万人の来場があり、こんにちまで、東京タワーは都内有数の人気の観光地であり続けてきた(『東京タワー一〇年のあゆみ』、八五頁)。

それでも、当然ながら、じっさいに東京タワーを訪れたことがない人は多くいる。ただ、そういう人でも、メディアを通して間接的にでも、その存在を目にはしているはずだ。東京タワーはメディアが映し出す被写体にもなりやすく、そのことがまた、国民に親しみを持たせ、場合によっては来場させる動機付けにもなっている。

東京タワー（筆者撮影［2022年８月８日］）

映画やテレビドラマなど、映像メディア作品においても、東京タワーはとても好まれる。東京のシンボルとしてか、魅力的な場所としてか、はたまた、その造形自体への評価ゆえか、その理由はいろいろあれど、東京タワーが被写体として映える存在であり続けていることには変わりない。ゆえに、東京タワーは、これまでいく度となく映画やテレビドラマなどの作品世界を彩り、見る者の心を捉えるような重要な役割を果たしてきた。

有名なところで言えば、二〇〇五年から三作品作られた映画「ＡＬＷＡＹＳ　三丁目の夕日」シリーズがすぐに思い出される。三作すべて冒頭から東京タワーが印象的に映し出され、舞台となった昭和三〇年代のノスタルジックな光景に不可欠な存在となっている。

テレビドラマに目を向けると、二〇一七年のＮＨＫ連続テレビ小説『ひよっこ』では、一九六〇年代半ばの東京で、主人公のヒロインが恋人と初めてデートする場所として東京タワーが登場し、開業当初のじっさいのタワーの映像が挿入されながら、かつての様子が再現して伝えられている。あるいは、東京タワーそのものズバリ、タイトルに含まれるリリー・フランキー原作の『東京タワー――オカンとボクと、時々、オトン』でも当然ながらタワーの存在は重要で、母親と息子の絆を描いた物語に欠かせないものとしてテレビ版、映画版ともに要所で登場する。こちらも一部で、昔のじっさいのタワーの映像が利用されている。

実写作品だけでなくアニメ作品でも、東京タワーはしばしば作品世界に大きく貢献する。新海誠監督の代表作『君の名は。』(二〇一六年)では、東京に強い憧れを持つ地方在住の女子高校生が、東京の気になる男子高校生に会いに、思い切って田舎からやって来るが、彼女が最初に電車の窓を通して目にするのが、東京タワーをはっきりと遠くに据えた景色だったりする。その女子高生の憧れの東京は、まず、東京タワーを含む車窓からの景色でスタートするのである。

以上のように、東京タワーが作品世界に貢献し活躍するような映像作品を挙げていけばキリがない。本書は、そのなかでも、東京タワーがあの全貌とともに登場した現存する最古の貴重な映像作品『マンモスタワー』（石川甫演出）というテレビドラマに注目する。『マンモスタワー』は、現在のTBSであるラジオ東京テレビ（KRT）が、一九五八年一一月一六日の午後九時一五分から一〇時三五分までの「日曜劇場」枠で放送したドラマである。「日曜劇場」といえば、一九五六年一二月にスタートし、いまなお続く大長寿番組で、じつに日本のテレビドラマ枠でもっとも長い歴史を持つものだが、『マンモスタワー』はその歴史的に重要な番組枠で、現存するもっとも古いドラマでもあるのだ（当時は、東芝が独占的スポンサーであったため、「東芝日曜劇場」として放送されていた）。

こうして日本のテレビドラマの歴史のなかでも特別な価値を有している『マンモスタワー』は、東京タワーの歴史にも深く関わる。ドラマ放送はタワー開業の一ヶ月前であり、まだ完成には至っていなかったが、それでもアンテナが取り付けられ、三三三メートルの全貌が映し出されており、じゅうぶんに存在感を放っている。ドラマタイトルは、まさに人びとがいまだ見たことのない、その巨大なタワーを指し示すものであり、それゆえ、ドラマの内容も東京タワーに関連するものとなっている。

とはいえ、本書が『マンモスタワー』に注目する理由は、このドラマが東京タワーを映し出した映像作品のいわば〈始まり〉だからというだけではない。くわえて、ドラマの内容も非常に興味深く、特筆すべき魅力を持っているからだ。

†映画とテレビの対立を描く『マンモスタワー』

しからば、『マンモスタワー』とはどういうドラマなのか。ここで少しでも興味を持ってもらえるように、ドラマの内容について簡単に紹介しておく必要があるだろう。

ドラマは冒頭からじっさいの東京タワーを画面いっぱいに捉えたり、下から仰ぎ見たりと、さまざまな視点から映し出して見せるのだが、こうしてカメラは最初からタワーに注目しつつ、このあとに、ドラマの核心的な話題へと目を向けていく。その話題とは、当時の映像産業の大きな関心事であった〈映画とテレビの対立〉である。

映画はテレビに先行する映像メディアとして一九世紀末に誕生し、日本でも広がっていったが、戦後占領期を経て、一九五〇年代に黄金期を迎える。観客数が劇的に上昇し、『マンモスタワー』放送の一九五八年には、年間観客数が過去最高の一一億二七四五万人を記録する。一九五五年の国勢調査によれば、日本の人口がおよそ八九二八万人とされ（総理府統計局『日本の人口』、七二頁）、その数で五八年の観客数を割れば、計算上、一人当たり月に一度は映画館で映画を見ていたことになるほど、映画人気は凄まじいものがあった。

このような状況もあり、映画は、娯楽の王様とまで言われた。ただ、他方で、その地位を脅かすものとして新たな映像娯楽メディアであるテレビが台頭し、高度経済成長期に突入したこの時代に、国民生活に欠かせないアイテムとして脚光を浴びるようになっていった。テレビは新しい消費文化の象徴として、冷蔵庫、洗濯機とともに「三種の神器」と呼ばれて注目を集めたのである。

日本でのテレビ放送の本格的スタートは、一九五三年二月一日のＮＨＫの開局からであったが、当初テレビ受像機はあまりに高価で、一般家庭がとても手を出せる代物ではなかった。その後、受像機価格の値下げが進み、それもあって着実にテレビは普及していくが、家庭への浸透が顕著になるのが、一九五八年から五九年にかけてのことであった。五八年の四月に契約者数が一〇〇万件を突破すると、その年の一一月に宮内庁により発表された、当時の皇太子明仁親王と正田美智子さんの婚約が、国民のテレビ購買意欲を掻き立てることになる。じつに、五九年四月のご成婚パレード一週間前には、契約者数が二〇〇万件を超え、一年で倍増するのである（志賀『昭和テレビ放送史［上］』、二二〇頁）。

こうしてテレビ受像機の普及がテレビ産業の成長を印象付けるなか、忘れてはならないのが、東京タワーの存在である。すなわち、東京タワーもまた、テレビ産業の成長には欠かせない、産業を支持するものとして建設されたという点が重要である。

正式名称を日本電波塔というその塔は、観光名所のイメージが先行するが、そもそもは電波塔として幅広いエリアに電波を行き渡らせることを目的に生み出されたものであった。東京タワーが三三三メートルと当時の自立式鉄塔では、世界一の高さを誇ったことは、観光スポットとしての魅力につながったが、広域に電波を届けるにはそれだけの高さが必要であったということである。それゆえ、東京タワー／日本電波塔の誕生は、当時はまだ新しい映像メディアであったテレビの放送を安定にし、以後のテレビ文化の発展を支える大きな出来事であったわけだ。

すなわち『マンモスタワー』が放送された一九五八年というのは、映画にとって観客数の最高を記録した絶頂期であり、またテレビにとっても受像機の普及、そして東京タワーの完成で、大きな飛躍を遂げていく時期でもあった。ドラマ冒頭で巨大な東京タワーの存在をことさら強調して見せるのは、このように、それが電波塔としてテレビ産業と結びつく存在であるためだ。言うなれば、屹立する巨大な東京タワーは、マスメディアとして今後、さらなる成長が見込まれるテレビメディアの存在の大きさを物語っているのである。

もっとも、ドラマは、そうして巨大化しつつあるテレビ産業に焦点化していくというよりは、そのテレビ産業と対峙することになる、映画産業に注目して進行する。映画会社はじっさいに、一九五〇年代中頃からテレビ産業の勢いを削ぐような対抗措置を繰り出していた。映画界の多くの人間たちは新しい映像メディアのテレビを敵対視し、テレビ産業側が困惑するような行動にも出ていた。その詳細は、第四章で述べるが、いずれにしても、映画会社が現実におこなったテレビへの対応や反発などを踏まえて、『マンモスタワー』は、主に映画会社の人間たちの視点から、〈映画とテレビの対立〉を描いていくのである。

映画黄金期と言われる状況にあって、映画界はテレビの台頭にどのように振る舞い、どう対応していくのか。現実の映画とテレビの対立という問題を、いわば当事者であるテレビ局（KRT）がドラマ化し、もっぱら映画会社側の視点から描いているという、いかにも複雑な関係性が、このドラマをユニークなものにしている。

ただ、その複雑な関係性は、じつのところもっと複雑で、もっとユニークなのである。映画界の登場人物たちの顔を見ていくと、見覚えのある人物たちがいる。なんと、それまで映画界でじっさいに活躍してきた俳優たちが映画人として登場していて、なんとも言えない現実的な生々しさを醸し出している。そうした出演者たちのなかには、もとをたどれば、演劇界出身者が目立つが、それでも、映画界での活躍が、彼/彼女らをより有名にしていた。

なにしろ、主人公の映画会社の製作本部長を演じたのが森雅之である。黒澤明監督『羅生門』（一九五〇年）や溝口健二監督『雨月物語』（一九五三年）など海外でも高く評価されてきた日本映画で主演（級）を務めた、まさに映画界の顔とも言うべき人物が、驚くべきことに、映画会社の重役を演じながら、会社の体質や産業の状況を批判的に語りさえする。ドラマだとわかっていても、ついつい、森雅之がじっさいの映画界に対して意見しているようにさえ聞こえてしまうのである。

また、注目は、演じている俳優たちだけではない。このドラマを書いた脚本家・白坂依《よ》志《し》夫《お》もまた、映画界で仕事をしてきた人物である。確かに『マンモスタワー』は、テレビ局（ＫＲＴ）が制作したテレビドラマとはいえ、こうして映画界の状況をよく知る人物たちが参加しながら、業界の問題が語られてさえいるのである。

†生ドラマ

ここまで読んで、多少なりともこのドラマに興味を持ってもらえると幸いだが、ただ、残念なことに、『マンモスタワー』をじっさいに見ることは、不可能ではないが容易なことではない。

テレビ草創期の一九五〇年代には、じつは多くのテレビドラマが生放送で提供されていた。つまり、役者の芝居をカメラが撮ったその映像が、そのまま生のライブで視聴者に届けられていたのである。ちょうど、『マンモスタワー』が放送された一九五八年にVTRが導入されるようになり、事前に収録することも可能になったが、ただ、それは高価であるため頻繁には使えず、一九五〇年代はあくまで生ドラマが中心であった。それゆえ、当時の大部分のドラマが一回きりの放送で終わり、もはや視聴はかなわない。

『マンモスタワー』の場合はどうかと言うと、いくつかのシーンでVTRが使用されてはいるものの、基本的には生ドラマであり、大部分の生の芝居のシーンに、事前収録されたいくつかのVTRシーンを挿入する形で、放送がおこなわれた。それゆえ、本来なら、このドラマも再見できないところである。ただ、偶然にも、そして幸いにも『マンモスタワー』の放送自体がVTRで録画されていて、ドラマは残されているのである。

そうは言っても、現状、動画配信サービスやDVD等のソフト化の対象にはなっておらず、容易に見ることはできない。過去にTBSのCSで放送されたことがあり、筆者もそれで見たことがあるが、再び放送される日が来ることを待たなければいけない。いや、確実に、すぐにでも見たいと思えば、横浜の放送ライブラリーで一般に無料で公開されているので、行けば見ることができるものの、そこまでのモチベーションと手間がやはり必要になってくる。

†本書の構成

容易には視聴できない『マンモスタワー』であるが、だからと言って、このままじゅうぶんに、見られないまま、語られないまま、忘れ去られては、いかにももったいない。

このテレビドラマは、映画とテレビの対立という当時の映像産業の非常にセンシティブな題材を扱い、さらには、じっさいに映画界で活躍してきた人物たちに、映画人の役を演じさせる過激さがあり、他方で、生ドラマというドラマ制作技術の未熟さも持っている。どこか、誕生してまだ間もないテレビの荒削りの若々しさ、勢い、可能性などを感じさせる。

このような見解とともに、本書では、初期のテレビ産業やドラマの成長に目を向けつつ、完成直前の東京タワーをうまく利用したユニークなドラマである『マンモスタワー』のことを詳しく見ていきたい。くわえて、ドラマとの関連で、東京タワーのことはもちろん、映画のこと、映画とテレビの対立という当時の映像産業の重要な問題についても考察していく。

以上の点について、これから第一部「テレビ時代の到来」、第二部「『マンモスタワー』の制作・内容」の二部構成のもと、全七章にわたって、検討していきたい。第一章では、東京タワー誕生に至る背景を生みの親である産経新聞社長・前田久吉《ひさきち》の視点から考察する。第二章では、日本でのテレビ放送開始に大きな役割を果たした、読売新聞社主の正力松太郎を取り上げ、彼が創設した日本テレビのことを中心に見ていく。第三章では初期のテレビドラマについて、『マンモスタワー』の放送局であるKRTとの関連で考察する。第四章では映画産業の状況を整理しつつ、映画とテレビの関係に迫る。ここまでが第一部で扱う、東京タワーや『マンモスタワー』が放送された頃の映像メディアの話題である。それ以降が第二部となり、『マンモスタワー』についての話となる。

第五章では、『マンモスタワー』がどのように企画され制作されていったのか、制作の舞台裏について解説する。そして、第六章と第七章で、いよいよ『マンモスタワー』の内容を丁寧に見ていきながら、じっさいにどのような作品なのかを詳しく分析していく。

第一部

テレビ時代の到来

第一章　東京タワーの建設とその背景

†生みの親・前田久吉

映画とテレビの対立を描いたテレビドラマ『マンモスタワー』は一九五八年一一月一六日に放送された。主に映画会社の人間の視点から、それまでの好調な業界が、急成長のテレビ産業に迫られ、問題点を次々に露呈していくさまを描き出す。業界の混乱を憂いながら、主人公の映画会社の製作部長を演じた森雅之が、完成間近の総合電波塔＝東京タワーを見つめる姿は、他のどの登場人物がタワーに向ける眼差しより、深く印象づけられている。

ならば、ドラマではなくじっさいに、東京タワーをもっとも特別な思いで見つめたのは誰なのか。それは生みの親とも言うべき、前田久吉であるだろう。『産経新聞』の創業者としても有名である。彼のアイデアと実行力が、東京芝公園に世界一の自立式鉄塔を誕生させた。

前田は、東京タワーを完成に導き、新しい東京のシンボルを生み出したが、本拠としたのは大阪だった。大阪は生まれ育った地であり、仕事での活動拠点でもあった。

一八九三年、決して裕福とは言えない大阪天下茶屋の農家に九人兄弟の三男として生まれた前田は、小学校を出ると丁稚奉公をおこない、家族のために働いた。一九一三年に、母方の祖父母が経営していた天下茶屋の新聞販売店を継いだことから、彼の長きにわたる新聞事業が始まり、一九二〇年に週刊の地域紙『南大阪新聞』(のちに『夕刊大阪新聞』を経て『大阪新聞』となる。『大阪新聞』は二〇〇二年に廃刊)を創刊して新聞の発行にも乗り出していく。一九三三年には、重工業の重要性を意識して、現在の『産経新聞』の前身である『日本工業新聞』を立ち上げる。

戦後になると、産経新聞、大阪新聞の経営に粉骨砕身しながらも、他方で新聞事業以外の活動も目立つようになる。前田は関西テレビ放送、大阪放送といった在阪のテレビ局、ラジオ局を開局し、大阪の新聞王からメディア王とも呼べるような存在へと、活躍の幅を広げていくのである。

さらに、一九五三年からは二期、参議院議員を務め、観光事業でも一九六二年に千葉県南房総にマザー牧場を開設するなど、幅広い分野での活躍が彼のキャリアを彩っている。前田久吉は幼少期より苦労を重ねながら努力し、一代で数々の功績を残したことから立志伝中の人とも言われているが、一九五七年五月に設立された日本電波塔株式会社（現：株式会社TOKYO TOWER）の社長として、タワー建設を完成に導いたことは、彼のキャリアのなかでも、とりわけ輝かしいものとして記憶されていると言えよう。

†広告塔としての東京タワー

前田が総合電波塔なるものを構想するようになったのは、一九五五年頃であった。当時、東京にはNHK、日本テレビ、ラジオ東京テレビ（KRT、現：TBS）の三つのテレビ局が存在し、それぞれに一八〇メートル、一五〇メートル、一七〇メートルほどの電波塔を建て、放送を展開していた（毎日新聞社調査部編『ポスト』、二八頁）。前田は、一九五九年に出版された自著『東京タワー物語』のなかで、外国人夫婦が東京観光で受けた衝撃として、その三本の電波塔のことを取り上げている。

夫婦は戦後日本の目覚ましい復興に感心しながらも、高さを競い合うように建っている三本の塔に違和感を覚えた。いまでは、もちろん、それくらいの高さの建物は、東京には溢れている。が、当時は、都内でもっとも高い建築物といえば、各テレビ局の電波塔という状況だった。テレビ局がそれぞれにたいそうな電波塔を建設していることが、外国人夫婦の目にはいかにも非効率で不経済だと映った。

なるほど、アメリカでさえニューヨークでは、エンパイアステートビルのようにテレビ・ラジオの電波を集約して送信することが考えられている。にもかかわらず、日本のようなまだ豊かとは言えない国が、無駄なことをしていると受け取られたわけだ。

前田がこの外国人夫婦の話をどのタイミングで耳にしたかは定かではないが、このテレビ塔をめぐる話が彼の総合電波塔構想に弾みをつけるものであったことには違いない。前田には、どうしても電波塔を建てたい理由があったのだ。

この頃、産経新聞は東京に進出して拡大を図っていた。一九五五年には東京・大手町に地上九階、地下一階の巨大な産経会館が竣工し、業界を驚かせるのだが、そうした見た目に反して、内実の経営状況は順調とは言えなかった。そこで、その打開策として考えたのが、じつに電波塔を産経新聞の文字通りの「広告塔」として建てるという計画であったのである。

前田の妻ヒサは言う。「前田に、東京タワーをつくる目的は何だったかと聞きましたら

「新聞のためだ」と言いましたよ、拡販だと。「正力が野球場なら、うちはタワーだ」」と（松尾「メディアの革命児 前田久吉」［プロローグ（一）］）。

正力というのは、読売新聞社主の正力松太郎のことであり、テレビの予備免許をいち早く取得し、民間放送局で最初に開局した日本テレビ放送網の創業者でもある。そればかりではなく、戦前にアメリカ大リーグの招聘や読売巨人軍の創設、その巨人のフランチャイズ球場となる後楽園スタジアムへの出資などをおこない、野球へのかかわりがとても深いことでも有名である。

日本テレビの社史『大衆とともに二五年』によれば、開局から七ヶ月目に黒字に転換した要因のひとつに、後楽園スタジアムとの独占契約が挙げられている。つまり、このスタジアムで開催されるプロ野球巨人戦を優先的に中継できたことが、日本テレビの発展につながったということだ。前田の目にも、そう映っていた。

†前田久吉と正力松太郎の因縁

前田と正力はしばしば比較されてきた。一般的には正力の方が有名かもしれないが、たとえば、戦後マスコミのご意見番と称された大宅壮一は「正力を本命と見、前田を対抗と見るのは素人で、前田こそ本命だ」という見方に同調するなど、前田を正力に負けない有能な人物だと高く評価する者たちも多くいた（大宅「『産経』の前田久吉とはどんな男か」、三四頁）。そして、そうして比較される両者には相応の因縁があった。

一九三八年以降、読売新聞は大阪に進出すべく『大阪時事新報』に目をつけ買収を試みるが、そこに立ちはだかったのが、すでに大阪で新聞事業を成功させていた前田であった。日中戦争から太平洋戦争へと突き進む戦時体制下にあって、政府は新聞記事に干渉し、統制しやすいようにと全国で新聞の整理統合を推し進めていた。大阪でも中小の新聞が有力紙に統合されていくのだが、その混乱のさなかに、読売新聞が大阪進出を目指したのである。

読売が目をつけた大阪時事は、大阪で整理の対象として、最後まで検討されていた。同紙は、福澤諭吉が一八八二年に創刊した『時事新報』の流れを汲む名門紙であったが、そのころにはすっかり衰退してしまっていた。ゆえに、その処遇は悩ましいところであり、ついには大阪府特高警察が働きかけ、同紙と前田の夕刊大阪新聞との合併が画策された。特高警察の介入もあり、結局、大阪時事新報は前田側に渡り、正力は手を引くこととなった（松尾「メディアの革命児 前田久吉」［第三部（六）］）。

こうした直接的な因縁以前には、互いの紙面作りでこんなこともあった。前田は、一九二〇年に生誕の地・天下茶屋で週刊の地域紙『南大阪新聞』を創刊し、二二年には日刊化、翌年は大阪市内に進出し、『夕刊大阪新聞』と改題して、販路を広げていった。こうして市場を拡大していくことができた背景には、大衆のニーズにあった魅力的な紙面作りにあったが、とりわけ好評だったのは、映画欄であった。

一八九五年にフランスで興った当時シネマトグラフと呼ばれていた映画は、九七年に日本に入ってきて、各地で順次公開されていった。その最初に有料公開された地が大阪であり、一八九三年生まれの前田少年が物心つくころには大阪でも映画が見られていたことになる。当初は、まるで舞台の丸写しで、見世物的だった映画だが、そこから物語性を獲得し、表現形式も豊かになって娯楽として発展してきたことに前田は敏感に反応した。

大衆にとって、映画が今後より重要なものになっていく。そう確信した彼は、映画欄に大きく紙面を使い、専属の映画記者に記事を書かせた。それは他紙では見られないような映画の扱いだった。尊敬する毎日新聞の本山社長が、その映画欄を絶賛したことも、前田を勇気づけた。前田は新聞の宣伝のために、映画俳優を起用したイベントを開催することもあった（清水『前久外伝』、八七頁）。

他にも前田は、一九二五年に放送を開始したラジオにもいち早く注目し、その年にはもう、ラジオ欄を設けている。ただ、ラジオに注目したのは前田だけではなかった。

ほぼ同じ時期に、東京でもラジオ欄が紙面に登場していた。正力松太郎率いる読売新聞である。さらに正力は、ラジオをじっさいに放送することも考えていて、免許の申請までおこなっていた。もっとも、多くの新聞社が免許の申請をしていたので、正力もそれに同調した形だが、結果的に、民営のラジオ局は誕生せず、いまのＮＨＫがラジオ放送を独占的に手掛けることになった。

民間に放送事業が開放されるきっかけとなったのが、一九五〇年の電波三法の施行である。全国の多くの新聞社が即座に反応し、一九五一年九月に名古屋の中部日本新聞社（現：中日新聞社）が最初の民間ラジオ局である中部日本放送を開局させるなど、各社はラジオ事業に乗り出そうと画策する。ただ、そのなかにあって、戦前、同じようにラジオ事業に関心を示していた正力だけは、一人、別の目標を定めていた。このときには、彼の放送事業への関心は、ラジオではなくテレビに向いていたのである。

最初の民間ラジオ放送のスタートから一ヶ月後の一九五一年一〇月に、正力の「日本テレビ放送網」がテレビ放送の免許を申請し、翌五二年七月に他に先駆けて予備免許取得第一号となった。じっさいの放送開始は一九五三年二月一日に開局したNHKに先を越されるも、日本テレビは同年八月に民放で最初に開局する。正力のテレビ放送開始に向けた動きに周囲は焦り、ラジオの開局準備に追われていた事業者たちは、追随してテレビの準備にも取り掛かることになったのである。

それでは、こうして正力が、放送事業を画策する者たちの間で台風の目となり、かき回していたとき、かたや前田はどのような動きを見せていたのだろうか。戦前、当時の最新メディアであるラジオのことを、率先して紙面で紹介していた二人だったが、戦後、正力が日本のテレビ産業の開拓者として圧倒的存在感を放つ一方、前田の放送事業への対応がどのようなものだったのかを確認しておきたい。

†放送事業への出遅れ

前田はテレビ放送が始まった一九五三年にテレビへの思いをこう述べている。

最近のテレビ熱は異常なもので、今に日本全国を電波で蔽うようになるだろう。あの四万あたりで聴視できるようにでもなれば結構なことだと思う。大自然の懐に帰って最新の劇、映画からスポーツなどを都会と同様楽しむことができれば機械化と人生の問題もかなりうるおいが出てくることだろう。米国では猫も杓子もテレビに噛りついて仕事の能率が下ったという話を聞いたことがあるが、要はテレビの用い方如何でテレビを使う側に立てば変な騒ぎも起るまい。こんな考えで私もじっくりテレビと取組んでみたいと思う。

（前田「機械力と人間」、一七頁）

テレビが近い将来日本でも広く普及することを予言し、そのテレビをどう扱うかという点から、テレビ事業に興味を見せているのが伝わる。じつは一九五二年末に郵政省が東京、大阪、名古屋の三地区にテレビチャンネルの割当を発表したとき、前田は産経新聞を母体に「テレビ大阪」の開局を申請するのだが、却下されてしまっていた。

次に申請をおこなったのが一九五四年一二月で、前田を発起人代表とする「関西テレビ放送」が免許申請をおこなう。そのあとすぐに、彼を応援するということで、関西の財界をリードし、映画会社東宝の社長でもあった小林一三《いちぞう》が代表に加わって心強い援軍を得るのだが、あろうことか認可を受ける前に小林が急逝してしまう。このことが、前田にとっては大きな痛手であり、誤算であった。

他方で申請がなされていた「近畿テレビ」との合同案が郵政省からしきりに持ちかけられ、双方の代表者間で協議がなされたのち、それぞれが申請をいったん取り下げ、新たに発起人代表に前田を含む「大関西テレビ放送」が一九五七年二月に免許を申請する運びとなった。

かくして紆余曲折を経て、同年七月に予備免許を取得、翌一九五八年一一月に関西テレビ放送として本放送が開始される。じつに、前田にとって最初の免許申請から六年の歳月が経過してのテレビ事業の本格的始動であった。正力が一九五一年一〇月に日本テレビの免許申請をしてから、二年弱で本放送を早々に開始したのに比べ、随分と時間が掛かってしまった印象である。

はからずも、一九五三年にテレビに関して前田が「じっくりテレビと取組んでみたい」と述べた、その言葉通りの時間を掛けたテレビ事業の着手となってしまった。そこには、小林一三の急逝という不運がいくらか関係していただろうが、前述の通り産経新聞の東京進出を含め本業である新聞事業の対応に追われていたことも大きく関係していただろう。

ラジオについても同様のことが言える。前田は戦前に紙面でラジオを早々に紹介し人気を獲得していたが、じっさいにラジオ局「大阪放送」を開局させるのは、関西テレビと同様、一九五八年のことであった。本拠の大阪でも、朝日や毎日といった新聞社が、一九五一年にはすでに「朝日放送」「毎日放送」の放送をスタートしていた。

すなわち、前田久吉にとって、産経新聞の広告効果を狙ったという東京タワーの建設は、同時に放送事業での出遅れを挽回する大きなチャンスだったのである。

†総合電波塔という「夢」

それでは、前田はどのようにして総合電波塔を企画し、実現することができたのだろうか。前田が、総合電波塔の構想を抱いていた頃、他にも同様の構想を持つ者は多くいた。

NHK、日本テレビ、KRTの三局の電波塔は、一五〇から一八〇メートルほどの高さであったが、それだと電波は半径七〇キロメートルほどのエリアにしか届かない。くわえて指向性のある電波を受信するために、アンテナをしばしば調整する必要もあった。

なにしろテレビとは、「遠く」を表す接頭語 tele と「見る」vision が組み合わさった造語テレビジョンの略である。その本来の語義を考えても、「遠く」に視覚情報を届けることは重要であり、これまで建てられた電波塔ではじゅうぶんとは言えなかった。

しかも、問題はこれら既存の三本だけにとどまらない。このあとも、NHK教育テレビ、富士テレビ（現：フジテレビ）、日本教育テレビ（現：テレビ朝日）の開局が予定されていて、このままだと、また中途半端な電波塔が建てられてしまう恐れがある。不経済は増し、景観的な問題も深まる。さらに、東京上空に向けて電波塔が建ち並ぶことは、航空路への支障も考えられた。

テレビ時代が本格化するのは、もうすぐである。けれども、その前に、電波塔の問題は早急に解決されなければならない。管轄している郵政省電波監理局や各放送局の内部から、こうした状況を変える声が次々に湧き上がっていった。

一九五七年の元旦、ある新聞に「新年の夢」と題した総合電波塔についての文章が掲載される。そこで、電波塔の構想が最初におおやけに示されたのである。発表したのは、当時、電波監理局長だった浜田成徳《しげのり》であった。

浜田は一九〇〇年群馬県生まれで、東京大学工学部を卒業、電子工学専攻の工学博士で、東芝電子工学研究所長や東海大学学長などを経て、東北大学で教鞭をとるかたわら、一九五五年からは求められて郵政省電波監理局長に就いた。端的に、学界育ちの電子工学のエリートである。その浜田が、電波監理局長の就任から二年後、一九五七年の元旦に、総合電波塔についての文章を新聞で発表した。

その内容は、六つのテレビ局の電波塔をまとめ、五〇〇メートルほどの一本の塔とし、その塔を高台である皇居外苑・北の丸公園あたりに建てるというもので、塔の中ほどには観光用に展望台を設置し、また、そこと羽田の国際空港とをつないでモノレールを敷設するという計画まで記されていた。すなわち、浜田の考えは、テレビの放送効果を最大限引き上げると同時に、国内だけでなく海外からも多くの来訪者を集める観光施設としても機能させたいというものであった。そうすれば、必ずや天皇陛下に喜んでもらえ、観光料金収入で電波塔も維持できるという狙いがあった(清水『前久外伝』、二八八頁)。

浜田本人はこうしたアイデアを「夢物語」とも語っており、じっさいに実現されない部分も含んでいたが、それでも、その夢物語がテレビ関係者の間で大きな反響を呼んだ。夢でも物語でもなく、現実のものとなるように、各方面から多様な具体案が電波監理局に寄せられるようになったのである。そしてそのなかに、前田久吉の案も含まれていた。

†世界一を目指して

前田は、一にも二にもエッフェル塔をしのぐ世界一の自立式鉄塔をつくることに執念を燃やしていた。その脳裏には、生まれ育った大阪で見た通天閣の存在があった。

通天閣はエッフェル塔と凱旋門を模したデザインで、一九一二年に当時日本一の高さ七五メートルで完成した。エッフェル塔といえば、一八八九年のパリ万国博覧会の目玉として建てられ、のちにアンテナが設置され電波塔としての役割を担うようになったが、通天閣の場合には、一九〇三年に大阪であった第五回内国勧業博覧会の跡地に形成された歓楽街「新世界」のシンボルとして建設された。

開業当時の初代通天閣（大阪読売新聞社編『百年の大阪』より）

ちなみに、通天閣の展望台までエレベーターで昇ることが可能だったが、大阪で初のエレベーター付き展望台が登場したのが、その内国勧業博だった。前田は、少年時代にこの博覧会を訪れており、特別な思い出として記憶に残っている。

会場には農業、林業、水産、工業、機械、教育、美術、動物、通運、水族の一〇館が設置され、エレベーターを取り入れた展望台の他にも、メリーゴーラウンドや山の斜面を利用して作られたウォーターシュートといった遊戯施設が大いに賑わった。吉見俊哉によれば、この第五回の内国勧業博はそれまでのものよりも、「会場には数多くの遊戯施設が導入され、博覧会に対する大衆的興味をひきつけ」るものであった(吉見『博覧会の政治学』、一四六―一四七)。前田少年もこうした見世物に引きつけられた一人であり、世の中に対する興味、関心が大いに高まった。

ゆえに思い出の博覧会の跡地に建てられた通天閣を、前田は特別な思いで眺めていた。そして、その日本一の塔の視線の先に、世界一の塔、エッフェル塔を思い浮かべていたかもしれない。だが、通天閣は一九四三年に近くの映画館の延焼で焼失し、解体されてしまうのであり、以降、前田は通天閣のなくなった空を見つめ寂しい気持ちになったと語る(清水『前久外伝』、二八九頁)。

その虚空に再び輝きが戻ったのが、一九五六年のこと。地元の強い要望があり、通天閣が再建される。前田は足を運んで、つぶさに見て回った。ちょうど、前田が総合電波塔の構想をめぐらせていたときだった。もっと高く、もっと大きい、つまり世界一のエッフェル塔を超える塔を作るというその決意が強まった。まさに通天閣の復活は、電波塔事業に乗り出そうとしていた前田との運命的な〈邂逅〉だったのである。

しかるに、前田が提出した電波塔の提案書には、世界一高い自立式鉄塔を建てるという明確なビジョンとともに、次のようなことが記されていた。国内外からの観光客を集めるべく高層部分に展望台を設けること、その他の塔内部の空間においても教養やレクリエーションに役立つものにすること、すべて国産の資材や技術を利用すること、そして、設置場所を東京「芝公園内」にすることであった。

じつに、「芝公園内」という場所の選定が前田案採用の決め手になったと言っていい。というのも、他の諸案はいずれも、提案者の保有する放送局を基準にして電波塔の建設場所を選定していたため、計画をじっさいに実行し塔の運営をおこなうには、いろいろと無理な点が認められた。たとえば、放送事業を営む提案者の用地に、電波塔という機能に限った二〇〇メートル級の塔を建設する案があった。これだと、浜田電波監理局長が「新年の夢」で掲げた理想とする塔からは大幅に後退して、夢と言えるものではなくなってしまう。

それに対して前田は、東京にテレビ局をも持たないがゆえ、しばられることなく、純粋に魅力ある電波塔をイメージしながら、芝公園という建設に最適な地を選定した。いわば、持たない者の強みが生きた発想である。放送事業では遅れをとっていた前田だが、ある意味それが功を奏した恰好だ。

世界一の自立式鉄塔を建設するには、当然ながら広大な敷地を要する。さらに、設置される展望台のことを考慮し、周囲に相応の景観、環境も求められる。となれば、それに適した場所は都心では限られていた。上野公園が候補に挙がったりもしたが、地盤の状況やテレビ局との距離を踏まえて、最終的には港区の芝公園が最良と判断された。

ちなみに、建設のために必要とした芝公園内の土地の大部分は、増上寺の境内であり、用地買収の交渉をおこなわなければならなかったが、幸いにも増上寺の檀家総代が以前から前田と親交のあった大手の新聞輪転機メーカーの創業者・池貝庄太郎で、彼の仲介が交渉成功の大きな要因となった。池貝は、日本電波塔株式会社の常務取締役にもなり、東京タワーの完成からしばらくの間、前田を支えていった。

しかして、電波監理局長の浜田は、芝公園に世界一の電波塔を建てるという前田案をもっとも優秀な提案だと評価した。他の提案者も、最終的にはこの前田案に賛同した。

前田にとって幸運だったのは、郵政省電波監理局長が浜田であったことだ。というのも、すでに前田は、浜田にテレビ免許申請のさいに世話になるなど知己を得ていたからである。

前述の通り、前田はテレビ局の開局に手間取っていた。しかるに、紆余曲折があって、一九五七年に大関西テレビ放送の免許申請をようやくおこなったさいにも、追い討ちをかけるような問題が生じていた。ときの郵政大臣、平井太郎が前田のことを嫌い、理由なく排除しようとしたのである。ただ、この苦しい状況を救ってくれたのが、浜田であった。

彼は、平井郵政大臣に公正を欠いて理不尽だと詰め寄り、その態度を激しく非難する。浜田は、前田との間に共通の知人がいて、その人物から前田の評判を聞いていた。前田は稀に見る立志伝中の新聞人であり、機敏に頭が働き営利にも長けるが、公共のためという精神が高く、信用できる人物だと。浜田には、以前から前田の優れた人間性を聞き知っていたので、免許申請で協力してあげたい思いもあったのであろう。結果、平井の妨害はなくなり、関西テレビが無事開局するに至った。

テレビ免許認可までの経緯を知った前田は、浜田のもとを訪れ、目に涙をいっぱいためて感謝したという。浜田もまた、そのとき前田の涙し、感謝する姿に強く心を打たれた(清水『前久外伝』、二八七頁)。なるほど、前田の電波塔案が他よりも優れていたことは事実だとしても、こうした浜田との関係性は、前田にとって心強いものであったに違いない。

†テレビ・映画界からの支援

浜田の支持を受けて、じっさいに電波塔の建設を進めることになった前田だが、そこにはクリアしなければならない大きな課題があった。塔を建てるためには当然莫大な資金が必要である。それをどうやって集めてくるというのか。

なにしろ、当時は岸信介内閣の財政が苦しい時代で、鍋底景気と言われる状況であった。そのため、前田が頭を下げて回っても断られることが多かった。それでも、前田が国会議員で、産経新聞社長でもあったことは都合が良く、さらに浜田電波監理局長の後ろ盾も、大きな支えになっていた。ついには、総合電波塔設営のための株式会社創設にあたり、前田久吉参議院議員・産経新聞社長ならびに、次のようなテレビ（ラジオ）事業関係、映画関係の首脳を含む四〇名の発起人が形成された（清水『前久外伝』、二九八―二九九頁）。

水野成夫（文化放送社長・富士テレビ初代社長）、赤尾好夫（旺文社社長・日本教育テレビ初代社長）、大川博（東映社長）、城戸四郎（松竹社長）、小林富佐雄（東宝社長）、永田雅一（大映社長）。

厳密には、富士テレビ（現：フジテレビ）や日本教育テレビ（現：テレビ朝日）はまだ開局していない段階であったが、前者には文化放送が、後者には旺文社がそれぞれ出資し、ともにテレビ事業に携わることは約束されていた。そして、この開局予定の二社ともにテレビ塔を持たないがゆえ、先を見越して総合電波塔に出資したであろうことは想像がつく。

他方で、すでに開局していたテレビ局首脳がここに名を連ねていないのは、その逆の理由であり、それぞれがテレビ塔を保持しているためだったのだろう。

それでは、電波塔を必要としない映画会社の大手六社のうち、じつに四社の社長が発起人となっているのは、どうした理由か。むろん、ここに記していない発起人の多くが事業で電波を必要とせず、その点を追求することにあまり意味がないように思われる。それでも、映画会社の場合に考慮すべきことは、事業としてテレビに深く関与していたということである。

すなわち、新聞社がラジオやテレビの事業に乗り出したように、映画会社もまた、同じく映像を扱うテレビ事業への参入を積極的に試みており、それがここに挙げた四社であった。東映は日本教育テレビに出資し創立に深く関わっているし、松竹、東宝、大映は富士テレビに出資している。やはり、電波塔が必要な会社なのである。

電波塔の設立をめぐって、こうしてテレビと映画は接点を結んでいた。ドラマ『マンモスタワー』はテレビと映画の対立を描いていて、現実にもそうした対立はあったが、それが両者の関係のすべてではない。詳しくは第四章で述べるが、対立とは違う別の関係性についても、マンモスタワーと呼べるこのじっさいの電波塔誕生までの経緯を見ても読み取ることができるのである。

かくして、一九五七年五月八日、電波塔建設と管理・運営のために「日本電波塔株式会社」が発足した。前田久吉は社長となり、先頭に立ってタワー完成を導いていくのである。

†設計者・内藤多仲

資金の問題と並行して、解決しなければならなかった課題は他にもある。構想をきちんと形にして実現してくれる、肝心の設計者が必要である。いわば、もう一人の東京タワーの生みの親とも言える存在だ。それが内藤多仲《たちゆう》工学博士であった。

内藤は早稲田大学理工学部名誉教授であり、「塔博士」の異名を持つ。一九二五年にラジオ放送が開始したとき愛宕山に建てられた鉄塔を設計したのは、この男だった。

以降、エッフェル塔を意識して作られた名古屋テレビ塔や大阪の二代目通天閣を含む、およそ三〇の鉄塔がそれまでに彼の手で建てられていた（彼は生涯では六〇に及ぶ塔を建設している）。前田がエッフェル塔を超える電波塔建設を実現してくれる設計者の存在を探すなかで、内藤に行き着いたのは自然なことだったし、彼にとってもこの依頼を受けることは、ある意味宿命だったに違いない。なにしろ、これまでエッフェル塔を真似た日本有数の鉄塔をつくってきた人間が、ついにエッフェル塔を超える国家的大事業の鉄塔建設を任されるのは必然とも言える流れだった。

信頼できるスタッフとしかるべき専門家のサポートを得て、予定総重量四〇〇〇トンの巨大鉄塔が、大地震が起きても倒れないように、また約九〇メートルのアンテナが、どんな強風が吹いても揺れないように、設計がされていった。

「ただ、電波を出すだけの塔であってはならない」(前田『東京タワー物語』、二四頁)、これは前田の、そして内藤の切なる思いであった。都市にできあがる高い塔は、それだけで魅力的な観光施設になる。展望台を備え、多くの人がそこから景色を楽しむことができると同時に、塔自体も都市景観に順応するような造形でなくてはならない、と。くわえて、内藤が強調したのは、何よりも安全面であった。世界一のマンモスタワーは、第一に安全が担保されてこそ成立するのである。

設計が始まったのは、一九五七年の春であり、まだ日本電波塔株式会社が発足する前から早くも始められた。着工は、それから数ヶ月後の一九五七年六月であった。じつに、このとき、まだすべての設計が終わってはいなかった。だが、工期は、完成予定日の一九五八年一二月二三日まで一八ヶ月しかない。このいかにもハードなスケジュールにおいて、完成に向けて少しでも前進するために、設計の固まっている基礎部分から工事を始める必要があった。

†「東京タワー」の誕生

施工は竹中工務店が担当し、塔体加工は新三菱重工業株式会社（現：三菱重工業株式会社）と松尾橋梁株式会社、鉄塔建設は宮地建設工業株式会社がそれぞれ請け負うことで、工事はスタートした。

塔を支える四本の塔脚は、着工から半年後の一二月二一日に、高さ四〇メートルの部分でアーチ型の鉄骨に結合されて工事最初の難関を突破した。以後、ガイデリックとジンポールと呼ばれる大型の起重機によって順次建築部材が吊り上げられては、少しずつ塔が迫り上がっていった。

この塔体の積み上げ工事が翌五八年九月中に終了すると、一〇月九日には、最大の難関と言われた、巨大アンテナの取り付け作業が開始する。ＮＨＫ放送用のアンテナと民間放送局用のアンテナを個別に引き上げ、塔の頂上部で一体にするという離れ業である。しかも、少しでも傷を付けたらアンテナが使い物にならなくなる恐れがあり、より慎重な作業が求められた。この工事が完了したのが、一〇月一四日のこと。一体化された巨大アンテナが所定の位置に据わり、ついに三三三メートルの世界最高の総合電波塔の全貌が露わになったのである。

そのあとは、オレンジと白のあの見慣れた塗装――昼間障害標識として航空機からも見やすいように――をはじめ、照明器具の取り付け、タワー内装部分の工事、設備の備え付け工事などがおこなわれた。塔内部には前田のアイデアである近代科学館が入った。まだ電化製品の普及が進んでいなかった時代に、最新の電化製品が展示され、来場者が手に取って操作できるような趣向になっていた。前田はあの少年時代に夢中になった内国勧業博覧会の思い出を頼りに、新聞社で何度も展覧会や博覧会を主催しては会社のPRをしてきたが、その経験が近代科学館の発想と実現にうまく融合したと言えよう。

ここまで総工費三〇億円、工事に携わった人は延べ二二万人に及んだ。一九五八年一二月二三日、まさに空前の大工事が完了し、「東京タワー」が開業を果たしたのである。

この文字通りの「東京タワー」誕生の少し前、そう、アンテナの取り付け工事が始まった一〇月九日は、その名称が電波塔に付与された日でもあった。電波塔にふさわしい愛称が全国から募集され、二〇日間でじつに八万六〇〇〇通あまりの便りが寄せられた。

意外なことかもしれないが、一般の応募では、「東京タワー」というネーミングがもっとも多いわけではなかった。「昭和塔」が最多で、ついで「日本塔」「平和塔」となった。他にもアメリカ・ソ連の宇宙開発競争を意識した「宇宙塔」や「世紀の塔」「ゴールデン・タワー」「アルプス塔」「オリエンタル・タワー」、それに皇太子殿下の成婚にちなんだ「プリンス塔」などが人気だった。そのなかで、審査委員の意見が一致したのが「東京タワー」であった。

この審査の委員長を務めた人物が、初期の日本映画界において、絶大な人気を誇った活動弁士の徳川夢声であった。活動弁士とは、映画が同期された音声を持たなかったいわゆる無声映画の時代に活躍し、上映時スクリーンのそばで、発話をしない登場人物たちの代わりにセリフを発し、物語を説明するなど、観客の映画理解を支えつつ、上映を盛り上げた人物のことを指す。そうした上映形態は、欧米にはない日本の独特なシステムであった。ちなみに、『マンモスタワー』にも主要人物の一人として、森繁久彌演じる元活動弁士が登場して、彼の発する言葉がドラマを引き立てる。

ただそうして声を武器にする弁士は、日本映画が無声映画を脱して音声を持つようになる一九三〇年代になってから廃れてしまう。人気弁士だった徳川夢声も軌道修正を強いられ、活動の場をラジオやテレビにも広げマルチに活躍して人気を維持していった。

かくして、徳川夢声が「日本の名物、このような感じをピタリと表しているのは『東京タワー』をおいて他にありませんな」(鮫島『東京タワー50年』、59頁)と発した瞬間から、大衆にとって、「総合電波塔」は「東京タワー」となっていった。夢声が、商売道具としてきた〈声〉で「東京タワー」の電波ならぬ伝播の役割を担ったということである。

総合電波塔は放送事業者だけでなく映画界からの支援もあり、メディア横断的な協力のもと建設された。その電波塔のネーミング決定と発表に、それぞれのメディアを横断して活躍してきた夢声が大きく関わったことは、タワーの存在を定義付けるような象徴的なシーンだったものと思われる。

†タワー誕生の反響

かくして開業を迎えた東京タワーは、予想通りの大盛況、大反響を巻き起こす。開業翌年には上野動物園の年間入場者数の記録三六〇万人を更新し、五一三万人の来場者数を記録した。

この来場記録からも想像できるように、東京タワーの開業は、地域の環境を大きく変化させた。タワー完成後は、その表玄関となる浜松町駅の乗降客が以前より三、四割増えた。路線バスの新設にくわわえ、新日本観光の「はとバス」を含む、観光バスも早々に東京タワー回りのコースを追加した。

なるほど、一九五八年一一月一六日放送の『マンモスタワー』でもタワー完成前にもかかわらず、東京タワーのそばを観光バスがすでに通っている。車内の乗客たちは一様に窓から身を乗り出して上空を見つめ、ただただ圧倒されているのだが、程度の違いはあれ、現実にも多くの人がそうして今まで見たことのない光景に衝撃を受けたに違いない。

開業当時の東京タワーと周辺の街並み（前田『東京タワー物語』より）

『マンモスタワー』に限らず、東京タワーを題材にした作品が次々に生み出されていった。歌謡曲においては、山下敬二郎・朝丘雪路「テレビ塔音頭」、フランク永井「たそがれのテレビ塔」、ミラクル・ヴォイス「東京333米」、美空ひばり「東京タワー」といったレコードが一九五八年から五九年にかけて発売された。映画でも、五九年に日活の『東京ロマンス・ウェイ』（吉村廉監督）があり、また「たそがれのテレビ塔」ならぬ『たそがれの東京タワー』（阿部毅監督）が大映より公開され、フランク永井の同名曲が主題歌として利用された。

ちなみにフランク永井は、一九五七年に「有楽町で逢いましょう」の歌をヒットさせ、同名の小説・映画まで生まれているが（もとは百貨店そごうのキャンペーンのキャッチフレーズ）、五九年ではそれをもじって「東京タワーで逢いましょう」が合言葉になった。前田久吉は東京タワーが巻き起こす社会的ブームの一端を、自著『東京タワー物語』のなかでも紹介している。

いま私の手もとには、結婚という新しい人生の門出を、タワー塔上でやりたいという申込みが沢山来ている。出来ることならば、若い人達の人生を意義づけるためにも、この人達の希望を、かなえてやりたいと思う。が、実際にはいろいろと困難なこともおこっている。一つを許可すれば、忽ち電波塔変じて結婚式場になりかねないというのが、悩みの種なのである。それほどの塔上結婚希望者が殺到している。これらのことを考えるにつけても、私は、本当にいいものを建てたと、心から喜ぶものなのであ

る。（一〇九頁）

世間の好反応を得て、いかにも、みずからが成し遂げた大仕事への充実感と喜びが伝わってくる。先に述べた通り、同じ一九五八年に、前田は懸案だったラジオ局「大阪放送」とテレビ局「関西テレビ」の開局も果たしており、とても良い年だったように思える。だが、じっさいは、そうではなかった。決して良いことばかりではなく、試練の年でもあった。

そもそも前田が総合電波塔なるものを構想しようとしたきっかけは、産経新聞のためであった。電波塔を産経新聞の広告塔として利用し、売り上げを伸ばすことが目的だった。だが、その思惑とは裏腹に、構想から完成までの間に同紙の業績は低迷し、ついに一九五八年に前田は、産経の経営を水野成夫に譲り渡す。水野は、フジテレビの初代社長で、総合電波塔の発起人のメンバーであったが、この買収をもとに、のちにフジサンケイグループが築き上げられた。東京タワーは産経新聞の業績向上を目指し、広告塔になるべく、前田に考え出されたが、皮肉にも、広告塔の役割を担う前に、産経自体が前田の元から離れてしまうのである。

ともあれ、東京タワーの誕生で、テレビ塔の問題は解決に向かった。じっさいにテレビ局が東京タワーを放送で利用するようになるのは、年が明けた一九五九年一月からで、NHK教育テレビを皮切りに、二月には日本教育テレビ、三月にはフジテレビと、新設のテレビ局が先陣を切った。

翌六〇年一月にKRT、五月にNHK総合テレビと既設のテレビ局も、東京タワーからの電波送信をおこない、電波塔を一本化にするという本来の目的が果たされようとしていた。だが、一本化はそう簡単には実現しなかった。その流れに最後まで抵抗したのが、民間放送局第一号として誕生した日本テレビであり、その創業者・正力松太郎であった。

第二章

テレビ時代を導いた人、正力松太郎

†正力松太郎という巨人

産経新聞社長の前田久吉が東京タワー設立の中心的人物であったならば、その前田と浅からぬ因縁にあった読売新聞社主の正力松太郎は、日本のテレビ放送の始まりから発展に決定的役割を果たしたキーパーソンであった。

第一章ですでに見たように、テレビ本放送はＮＨＫが一九五三年二月一日に最初に開始し、半年後に開局した正力の日本テレビは遅れをとった。本放送以前にも、ＮＨＫは浜松高等工業学校教授の高柳健次郎博士らとともに、テレビ実用化に向けた研究を独自でおこない、試験的な放送を繰り返していた。こうして見ると、ＮＨＫが日本のテレビの歴史を先導していたように映る。しかしながら、もし正力がテレビ事業に関与していなければ、日本のテレビ本放送は始まりから、大きく違ったものになっていたことは間違いなく、国民はまったく別のテレビ体験をしていたことだろう。

正力松太郎は、一八八五年に富山県の土木業者の次男として生まれた。子どものころより、水泳や剣道を通して体を鍛えていた彼は、高等学校では柔道に熱中し猛者として鳴らす。東京帝国大学に進学し、卒業後は内閣統計局を経て警視庁に入り、牛込神楽坂署長から、官房主事、警務部長へと順調にキャリアを重ねていく。だが、一九二三年、虎ノ門で摂政宮(のちの昭和天皇)が若者に狙撃される暗殺未遂事件が起きたことで一転、正力は警護責任を取って、辞職することとなった。

無職となった正力に、新聞経営の誘いが来る。正力は以前から政治家になる夢があったが、政界との結びつきが強い新聞事業に魅力を感じた。対象となったのは、そう読売新聞である。当時はまだ五万部ほどの発行部数にすぎなかった同紙を、正力は、警視庁時代に交流を持った前内務大臣・後藤新平の融資を受け一九二四年に買収し、社長となるのである。

正力の社長就任後、読売新聞は目覚ましい発展を遂げる。一九二五年に五万八〇〇〇部だった発行部数が、三〇年二二万部、三五年六六万七〇〇〇部と急伸し、太平洋戦争終戦の前年の四四年には一九一万九〇〇〇部にもなっていた。

前章で述べたように、一九三〇年代後半に正力は、読売の大阪進出を画策し、そのために大阪時事新報の買収を試みるが、当時は夕刊大阪新聞を率いていた前田久吉に阻まれ、結果的に買収計画ならびに、大阪進出は頓挫してしまう。が、読売は、大阪以外の地域にも触手を伸ばしていた。北海道や東海、山陰、九州など北から南まで全国各地の地方紙への買収や提携が進められ、そうしたものを含めると、終戦までに二二〇万から二三〇万部の発行部数があったという（読売新聞社社史編纂室編『讀賣新聞八十年史』、四一五—四一六頁）。こうして、読売新聞は朝日や毎日といった大手新聞に肉薄する規模にまで成長を遂げたのである。

しかるに、読売新聞を大きくした正力だったが、戦後すぐに読売争議が起き、その対応を強いられると、次には、彼はA級戦犯の容疑で、一九四五年一二月に巣鴨プリズンに収監されて、社長を辞任することになってしまう。不起訴となり四七年九月には釈放されたものの、公職追放の身分にあり、なかなか復帰がかなわない。

公職に就いての表立っての活動はできなくなったが、とはいえ、彼は戦前にはアメリカの大リーグを招き、日本でプロ野球もつくるなど、多方面での活躍が認められている人物である。もはや周囲が放っておかない。ほうぼうから彼を求める動きが起こるなか、テレビ事業についての話も、持ちかけられることになった。

†テレビ放送への序奏

一九二五年、日本でラジオ放送が始まった年、まさにそのラジオの父と呼ばれているアメリカの有名な発明家リー・ド・フォレストが生み出したフォノフィルムと呼ばれる発声映画を、皆川芳造という貿易商が日本に輸入し紹介する。まだ、映画に音声がついていなかった無声映画時代に、それは「物云ふフィルム現はる」という宣伝文句で上映されたが、反響はあまりなく、二、三回の興行で打ち切られた（田中『日本映画発達史Ⅱ』、一三二頁）。

フォノフィルムは不発だったが、戦後、新たな挑戦としてド・フォレストはテレビの研究を進め、皆川とともに今度は日本でのテレビ局の開設を目論む。二人はテレビ事業をおこなうため、融資してくれる協力者を求めた。

二人はまず、戦前に日本ビクターを買収してテレビ研究に乗り出したことのある鮎川義介に話を持ちかけたが、鮎川は固辞し、代わりに正力を強く推薦する。一九四八年の春のことだった。話を受けた正力は、案の定テレビ事業に強い関心を示し、GHQにテレビ事業を認めてくれるよう、しきりに働きかけた。

けれども、正力が公職追放中ということもあり、テレビ事業の許可はおりない。このまま計画が頓挫してしまう流れのなかで、その状況を変えたのが、アメリカで、上院議員カール・ムントが一九五〇年六月に発表した「ヴィジョン・オブ・アメリカ」構想であった。

それは、共産主義の脅威に対抗するため、日本などアメリカの外交戦略上重要な国々に民主主義の重要性を伝えるべく、テレビを含むマイクロ波通信網を敷くという、アメリカの反共産主義プロパガンダ政策である。ムントからこの構想を伝えられた連合国軍最高司令官マッカーサーは、それを評価するものの、テレビ事業は日本人の手でおこなわれなければならないと判断する（有馬『日本テレビとCIA』、五四頁）。

そこで浮上してきたのが、正力松太郎だった。まだ追放が解けていない状況だったが、じつはGHQは以前から正力を評価していた。そのことは、巣鴨での収監中の調書「正力松太郎に関するGHQ資料」からも読み取れる（佐野『巨怪伝』、三四九―三五二頁）。正力の読売新聞への貢献や、大リーグを招き、日本の野球文化をもたらしたことなど、好意的な記述が目立つ。

正力は僥倖とばかりにムントの構想に乗っかり、各方面に働きかけてテレビ局開設に向けた資金集めをおこなう。アメリカの要人たちとも会談を重ね支援を取り付けたことも、出資者に対して信用を植え付けるアピールになった。一九五一年八月に公職追放が解けて、これで正力をしばるものはなくなった。同年九月には、正力はテレビ構想をおおやけにし、同じく一〇月に日本テレビ放送網のテレビ免許を電波監理委員会に申請した。

この正力のテレビ局開設に向けた動きは、放送関係者を大いに慌てさせた。テレビの実験放送をおこなってきたＮＨＫでさえ、テレビはあまりに高価で、技術的にも克服しなければならないことがあり、実用はまだ先のことだと考えていたからだ。だからこそ、正力がテレビ放送を開始する動きに、とりわけＮＨＫは大きなショックを受けた。もはや、テレビの実用化は時期尚早などと悠長には言ってられない。早急に体制を立て直し、日本テレビを追走した。かくして、日本テレビの免許申請から二ヶ月後にＮＨＫも免許を申請するのである。

両者が免許を申請してから待っていたのが、テレビ放送の標準方式をめぐる議論であった。なかでも、周波数帯幅について、アメリカ型の六メガを推す日本テレビと、ヨーロッパ型の七メガを主張するＮＨＫの間で激しい論争が巻き起こる。最終的には、日本テレビが希望する六メガに落ち着くのだが、互いの思惑がぶつかり合い、テレビ事業での主導権争いは激しさを増していった。

一九五二年七月、日本テレビにのみ予備免許が与えられる。テレビ免許の申請、メガ論争と続いて、予備免許の交付も日本テレビの後塵を拝しNHKのプライドは大きく傷つけられた。

同年一二月にNHKにも予備免許が交付され、あとは開局に向けて突き進むのみという状況で、急ピッチで準備が進められた。「昭和二九年には日本勧業銀行の借金番付の筆頭にのぼってしまった」との証言があるほど(志賀『昭和テレビ放送史〔上〕』、一八六頁)、当時のNHKは資金的にも準備ができていないまま、テレビ放送を始めようとしていた。NHKにそうさせたのは、日本テレビであり、正力松太郎であった。

かくして、NHKは、一九五三年二月一日にテレビの本放送を日本テレビに先行して開始する。日本テレビは当初、五三年一月の開局を目指していたが、アメリカの会社に注文している機器類が製造の遅れ等で届かず、開局日が延びてしまい、結果NHKに遅れをとってしまったのだ。

†NHKの開局

NHKの開局当日は、午後二時から千代田区内幸町の放送会館第一スタジオでの開局式に続き、尾上松緑らによる舞台劇『道行初音旅』が放送された。NHKのみならず、日本のテレビ放送の歴史にとっても、記念すべき放送プログラムである。ライバル日本テレビよりも先に開局するというNHKの目標が達成された。

他方、当時のNHKの放送環境を見ると、資金的な問題があるなかで、いかに無理をともなった放送開始だったかがわかる。なにしろ、テレビ専用のスタジオは、事務室を改造してこしらえた第一スタジオと既設のラジオスタジオをテレビ用に転用した第二スタジオのみで、テレビ放送のために一から新設されたものではなかった。おまけに主力となる第一スタジオは、広さはわずか一二〇平方メートルと小さく、中央には柱があって、使い勝手が非常に悪いという始末で、文字通り窮屈な制作を強いるものであった(日本放送協会放送史編修室編『日本放送史　下巻』、四六五頁)。

また、放送の電力は、免許申請のときに、一〇キロワットで提出しながら、じっさいには五キロワットだった。ゆえに、映像は「都内ですらよく見えないような不鮮明なもので、テレビに対する世間の期待を裏切り」という状況だった(『民間放送十年史』、三八二頁)。日本テレビが半年後の一九五三年八月に開局してからは、問題はより深刻なものとなる。

日本テレビのテレビ塔は、アンテナや送信機など必要な主要機器類がこれまたアメリカ製で、高さは一五〇メートルを超すものであった。そのため、視聴可能エリア、画質の両方でNHKは日本テレビに大きく差をつけられることになった。

NHKは当初からの課題を克服するために、同年一一月に千代田区紀尾井町に新しい放送所を設け、そこに高さ一八〇メートルを超える電波塔を新設する。日本テレビよりも、三〇メートル高いもので、のちに開局するラジオ東京テレビの約一七〇メートルよりも高い、当時、都内の高層建築物でもっとも高い建物が、NHKのこの新設されたテレビ塔であった。電力も以前の五キロワットから一〇キロワットに改善されて電波が送出され、日本テレビと対等以上の映像供給ができるようになった。

こうして、NHKは日本テレビに先行して開局したとはいえ、放送環境で問題を抱え、その解決を初年度から積極的におこなっていった。ただ、悲しいかな、視聴者の方が、この新しい産業の流れに追いついていかない。じっさいに当時、テレビ放送を見ることができた人は極めて少なかった。NHK開局の時点で、受信契約数はわずか八六六件にすぎず、当時の経営責任者の一人である岡部重信が、「東京ひとつの劇場の一か月の入場数がNHKテレビの受信者数を上回っていた」と嘆くほど、視聴状況は散々たるものであった(志賀『昭和テレビ放送史〔上〕』、一八六頁)。

なにしろ、一般のサラリーマンの月収が手取りで一万五〇〇〇円、東京－大阪間の国鉄運賃が三等で六八〇円という時代に、国産の一四型テレビは一七万五〇〇〇円から一八万円もした（日本放送出版協会編『放送の二〇世紀』、一一六頁）。テレビ受像機は、一般家庭が手に入れられる代物ではなかった。

†街頭テレビの成功

テレビ産業はスタートしたが、肝心のテレビ本体が各家庭に浸透していくには、まだ時間がかかる状況であった。けれども、一度動き出したテレビ時代の波はもはや止めることはできない。ゆえに、その流れを作り出したと言える、日本テレビも、この問題に向き合わなければならなかった。一九五三年八月二八日に日本テレビが放送をスタートした時点でも、テレビの受信契約数は約三六〇〇件であった。

しかるに、日本テレビは、民間放送局という性質上、スポンサーからの広告収入が頼りである。そのためには、テレビを見る人の数を増やし広告媒体としてのテレビの価値を高めていく必要があった。すなわち、テレビがいかにおもしろく、見る人を夢中にさせるものであるのかを、大衆に知ってもらうこと、それを正力は考えた。そしてその目的のために利用されたのが「街頭テレビ」である。

日本テレビは開局に先立ち、東京の新橋駅西口広場、東急渋谷駅や京浜急行品川駅の構内など、多くの人が行き交う駅の付近を中心とする五五ヶ所の街頭に、約二二〇台のテレビ受像機を設置した。多くの人にとって、テレビは高価であり、手の届かない遠い存在であったが、これら街頭テレビは、人びとにテレビを身近で体験してもらおうとする日本テレビの仕掛けだった。じっさい放送が始まると、街頭テレビは、期待通りの役割を果たし、人だかりを作っていく。

その象徴的な出来事が、一九五四年二月一九日から三日連続で放送されたプロレス中継である。蔵前国技館で力道山・木村政彦対シャープ兄弟のタッグマッチ国際試合が開催され、日本テレビはNHKとともに同時中継した。新橋駅西口広場にはじつに街頭テレビでこの試合を見ようと二万人の群衆が集まったと言われている。都心での熱狂ぶりもさることながら、地方でもその評判を聞いてわざわざ汽車やバス、自転車で街頭テレビの設置場所まで見にくる人が続出した。

ちなみに、このプロレスの試合は、テレビだけでなく映画でも関心を呼んだ。大手映画会社の松竹が、三日間の激闘を記録し、実況の音声も収録した記録映画『肉弾相搏つ』をつくり、木下惠介監督『女の園』との二本立てで一九五四年三月一六日に公開した。大衆の関心をいかに汲みとるかは、大衆メディアである映画、テレビの重要な使命であることがわかる。

街頭テレビでは、プロレスの他にも、プロ野球、ボクシング、大相撲といったスポーツ中継が人気を呼び、一台に八〇〇〇人から一万人の群衆が集まることがしばしばあった。当然、周囲の交通にも支障が出て、警官が整理にあたるものの、ついには諦め、途中から群衆と一緒に街頭テレビを眺めていたという逸話まで残されている(日本テレビ放送網株式会社社史編纂室編『大衆とともに二五年』、四三頁)。

正力はこうした現場の慌ただしい状況にも目を向け、テレビで報道するよう指示し、街頭テレビ自体をある種のメディア・イベントに仕立て、世間の関心を高めていった。街頭テレビというアイデア自体は、正力がテレビ事業に乗り出す過程で交流を持ったアメリカ人から教えてもらったとも言われているが(柴田『戦後マスコミ回遊記』、二九一―二九二頁)、以上のような街頭テレビを盛り立てるような仕掛けを放ちながら、広く大衆にアピールできたことは、まさに彼の興行的手腕の成果だったと言える。大リーグを招き、日本のプロ野球の発足にもつなげるなど、戦前からプロモーターとしての才覚を発揮してきた

街頭テレビに集まる群衆（『大衆とともに25年』より）

正力にとって、あるいは、街頭テレビを成功させるくらい造作もないことだったのかもしれないが。
　街頭テレビは、新潟県柏崎や福島県会津若松のような遠隔地にも設置され、最終的には二七八ヶ所に及んだ。だが、次第にテレビが設置される場所は、街頭ではなく、屋内へと変わっていく。
　一九五五年一〇月九日付の『朝日新聞』夕刊には、街頭テレビの全盛期が過ぎ、飲食店などがテレビを設置するようになったことでテレビの受信契約数が一〇万件を突破したと紹介されている。民放連が一九五六年一一月に東京二三区内でテレビを所有する飲食店を対象にした調査によれば、テレビの所有で「客が増えた」と四六・四%の店が回答し、「変化なし」四五・二%、「やや減少」一・五%と比較して、テレビの設置は効果的であったと結論づけられている（日本放送協会放送文化研究所放送学研究室編『放送学研究一〇』、七八頁)。

テレビは客寄せに有効であったと見られるが、くわえて、その投資を可能にするテレビ価格の値下げが進んでいたことも背景にあった。当初は一四型テレビの価格が一八万円もしたが、飲食店など商業店舗のテレビ設置が進んだ一九五六年五月には、一〇万円ほど値下がりして八万円前後にまで低下していた。

†日本テレビ塔の展望台

正力のテレビ開局後の取り組みでは、街頭テレビが必ずと言っていいほど話題にのぼる。が、注目すべきはそれだけではない。東京タワーとの関連で忘れてはならないことがある。それは、日本テレビのテレビ塔に展望台が設置されていたことである。

テレビ塔の展望台設備は、このあと、東京タワーの設計者・内藤多仲が手がけ、NHKもその建設に関与した名古屋テレビ塔（一九五四年竣工）でも見られた。東京タワーについては、創業者の前田久吉ならびに最初に構想をおおやけに発表した電波監理局長の浜田成徳も、最初から展望台設置を計画に入れていた。展望台を備えた日本テレビ塔が、こうした以後の重要なテレビ塔の構想に影響を与えていたと考えられる。

ところで、東京タワーがまだできる前、前田が正力のもとを訪れ、直接、タワーからの電波送信を勧誘したことがある。既述の通り、前田は正力にとって読売の大阪進出を阻んだ因縁の相手であるが、その人物に対して正力は、じゅうぶんに電波を供給できるテレビ塔をすでに持っているので移行する必要はないと、はっきりと断る。

以後、その態度を貫くように、正力の存命中には、日本テレビは東京タワーからの電波送信をおこなわなかったが、それはともかく、そのとき、正力は前田に「東京タワーを利用して、見物人を大いに吸収すること」というご丁寧なアドバイスをおこなっていた（片柳『創意の人』、三一八頁）。この発言は、展望台を意識してのことなのか、はたまたタワー内部の各施設を想定してのことだったのか真意は定かではないが、正力にしてみれば、すでにそうして日本テレビ塔を運営してきたという自負があったのかもしれない。

日本テレビ社屋とテレビ塔（『大衆とともに25年』より）

確かに日本テレビ塔は、「見物人を大い

に吸収する」ように運用されていた。当初、正力の頭の中には、テレビ塔には技術者用の小さなエレベーターを設けるだけで、それ以上のことは考えていなかった。だが、どうせエレベーターを作るなら大きなものにし、一般の大衆にも利用してもらうべきだとの考えに変化する。結果、エレベーターとふたつの展望台を備えた高さ一五四メートルのテレビ塔が出来上がった。

さすがに高さは、二倍以上の東京タワーに圧倒的に軍配が上がるが、他方で、展望台への入場料については、東京タワーと違って無料であった点が魅力的であった。また、以前なら御法度であった、展望台から皇居の全景が見渡せることも大きな特長であった。

一九五三年一二月一〇日から、展望台が一般に無料公開された。しかも、来場者はスタジオ見学もできるという特典付きだった。なるほど、これだけのサービスが整えば、「見物人を大いに吸収する」ことは可能というものだ。多いときには一日五〇〇〇人以上、月平均では五万から六万ほどの人が来場したという。日本テレビの社史『大衆とともに二五年』には、以上のような話とともに、このサービスがもたらす効果として次のようにまとめられている。

新しい企業としてのテレビの普及・宣伝に一役も二役も果たした。さらに直接的効果として、当社を訪れるスポンサーたちに与える心理的効果が大きかった。すなわちスポンサーたちは、そこに巻き起こっている爆発的な人気と関心をみずから体験するに及んで、広告媒体としてのテレビの威力を知り、積極的にテレビを利用しようという気になったのである。（四八―四九頁）

日本テレビは、街頭テレビの人だかりをあえてテレビで紹介し、人気を煽ったように、自社のテレビ塔をあたかも広告塔のように活用し、人気を印象付けたわけだ。いまはもう解体され、その姿を拝むことができない日本テレビ塔だが、名古屋タワーや東京タワーに先行する、展望台を備えたテレビ塔であったことは記憶しておきたい。

†ゴジラ、テレビ塔を襲う

一九五四年一一月に公開された映画『ゴジラ』（本多猪四郎監督）は、戦後復興途上の東京の街並みが大怪獣ゴジラによって再び焦土と化してしまうさまを描いている。海底で眠っていた古代の生物ゴジラが、水爆実験によって眠りから覚め大暴れしたのである。

この話は、現実にアメリカとソ連の間で核実験が繰り返される状況下で、映画公開年の八ヶ月前に起きた第五福竜丸事件が関係している。太平洋のビキニ環礁でアメリカがおこなった水爆実験の影響で、近くでマグロ漁をしていた日本の第五福竜丸の乗組員二三人が被曝した事件であり、この事件をもとに映画が企画された。

映画においては、ゴジラもまた被曝者であることを印象付けるように、全身に被曝の被害を思わせる造形が施された（小林『形態学的怪獣論』、一二三―一二六頁）。復活したゴジラは、核実験を続ける人類への怒りをぶつけるように、東京に上陸し人や街を襲う。そうしてゴジラに襲われるもののなかで、テレビ塔が印象的に破壊されていることに注目したい。

ゴジラの破壊活動を報道する中継隊が各所にいて、そのうちの一団がテレビ塔の上から中継をおこなっている。すっかり周囲が暗くなっているなかで、この者たちは、ゴジラをはっきりと捉えるために照明を向け、撮影機材を用いて映像や写真として記録・報道しようとする。

しかしながら、ゴジラは水爆の忌まわしい記憶のせいで、光を当てられることを非常に嫌う。ゆえに、光を当てるという行為はゴジラを過度に刺激することにつながり、興奮したゴジラはテレビ塔を真っ二つにして破壊し、彼らは無惨にも地上に放り出されて最期を迎えてしまうのである。

彼らの行動は、ゴジラを呼び寄せ自分たちを危険に陥れるもので、決しておこなってはならなかった。他方、物語の内容から見れば、テレビ塔で命を落とした者たちを含む各中継隊が、決死の覚悟でゴジラの脅威をテレビやラジオ等で現在進行形で伝えることは、明確な意義を持っていた。というのも、この映画の重要人物・芹沢博士はゴジラ打倒のための秘密兵器を開発するも、使用には消極的であったのだが、テレビ等の報道で伝えられる悲惨な状況が、芹沢の心理を大きく変化させ、その秘密兵器の使用を決断させるのである。

じっさいのテレビ放送は、この映画『ゴジラ』公開の前年に始まったばかり。多くの人は、自宅よりも、正力が仕掛けた街頭テレビのような家の外でテレビを見ることが一般的だった。こうして現実には、まだテレビが普及していない状況であったが、映画『ゴジラ』は、以上のようにテレビというメディアの力を印象付けているのである。

それから、中継隊が襲われる場所、テレビ塔そのものについても言及しておきたいことがある。映画では「ゴジラはただいまこの放送を送っておりますテレビ塔に向かって進んでまいりました」という実況があるだけで、どのテレビ塔かまでは言明されていない。映画公開年を考慮すれば、NHKか日本テレビかの二択になるのだが、「国会議事堂と背後の銀座炎上の光景のアングルを考える」と、千代田区麴町の日本テレビ塔だという見解が示されるなど（小林『ゴジラの論理』、三二頁）、ゴジラに破壊される鉄塔は日本テレビのものだと主張する声が強い。

この見地に立てば、ゴジラの襲撃は、非常に示唆に富むものである。というのも、ゴジラが襲った日本テレビ（の塔）は、後年「原子力の父」と呼ばれる正力松太郎のテレビ局であるからだ。

日本テレビ社長、読売新聞社主の正力松太郎は一九五五年に原子力平和利用を謳い、衆議院議員として当選した。前年の第五福竜丸事件が起きたさいには、皮肉にも読売新聞が他社に先駆けてこの事件を大きく報道し、そのあとに戦後最大規模の反米運動、ならびに反原子力の風潮を引き起こすことになった。

このときには、正力は原子力の平和利用を掲げ出馬しようという意識はなかったのだが、そのあと原子炉の輸出を目論むアメリカの関係者や、アメリカの支援のもとに原子力発電所を導入しようとする日本の政財界の意向を受け、彼は原子力平和利用を政治的カードに、政界へ打って出るのである。昔から政治家を志していた正力が、七〇歳にしてようやく夢の舞台に躍り出た。

国会議員となった正力は、一九五六年一月に原子力委員会委員長に就任すると、五七年四月に原子力平和利用懇談会の立ち上げ、五月には科学技術庁の初代長官への就任と、原子力発電所の設置へ向けてステップを踏んでいく。読売新聞や日本テレビを使った原発推進キャンペーンを展開して世論を誘導することにも抜かりなかった。目指すは、総理大臣の椅子だった。残念ながら、正力はそれをかなえることができなかったが、その野望実現に向けて「原子力」を日本にもたらすことに尽力した旗頭であり、ゆえに「原子力の父」と呼ばれるようになった（以上の経緯については、有馬『原発・正力・CIA』が詳しい）。

むろん、ゴジラが映画のなかで日本テレビ塔を襲う一九五四年は、正力が「原子力の父」でもなんでもなかったときで、そこに深い意味はなかったであろう。ただ、正力がそのあと、己の政治的野心のため、原子力を利用したことを考えると、ゴジラが前もって正力に牙を剝いたと事後的に結びつけることができる。

こうして見ると、ゴジラによるテレビ塔の破壊は、単に手の付けられない、巨大生物の暴れっぷりをスペクタクルに表現しているというだけでなく、被曝者であるゴジラが、原子力がもたらされる近未来の日本社会に向けて（そして、そこに加担した正力とその会社に対して）、警鐘を鳴らしていたとも受け取ることができるのである。

†幻の正力タワー

映画のなかでゴジラによって破壊された（日本）テレビ塔だが、現実には正力は新たな塔の建設まで計画していた。

前述のように、各テレビ局が順次、送信所を東京タワーに移転していくなかで、日本テレビだけはかたくなに自社のテレビ塔からの電波送信をやめなかった。けれども一九六四年の東京オリンピックを契機として、カラー放送が本格化していくようになると、他局との映像に明らかに違いが生まれ、劣勢を強いられるようになった。

なにしろ、一九五三年の開局時からは周囲の環境が大きく変わり、都心部に巨大な建物が建ち並んでいる。一五〇メートルあまりの既存の日本テレビ塔からの電波送信は、そうした建物のせいで、視聴に支障をきたすようになってしまったのである。

新しいテレビ塔、すなわち正力タワーは、この従来のテレビ塔に代わって、電波送信の役割を担うために構想された。その計画が公表されたのは一九六八年五月のこと。新宿区東大久保に、総工費二五〇億円を投じ、東京タワーの一・七倍、当時の世界最高のモスクワのテレビ塔を上回る、五五〇メートルの世界一高いテレビ塔を建設するという内容だった。また、その基部に三三階の高層ビルを建て、ビルの周囲に約三〇〇〇坪の駐車場や付属の建物を設ける。塔の三五〇メートル付近には、やはり展望台を設置することも計画されていた（日本テレビ放送網株式会社総務局編『テレビ塔物語』、九頁）。

日本テレビは、他のテレビ局とともに、東京タワーに送信所を移せばいいものを、それは正力の流儀ではない。前田久吉が世界一を目指して建てた東京タワーを、今度はみずからの名を冠したテレビ塔で抜いて見せようというのが、彼のやり方だ。だが、ここでそのような正力の壮大な計画に待ったをかけたのが、積年のライバルとも言えるＮＨＫであった。

日本テレビの発表から一年も経たない一九六九年二月、今度はＮＨＫが正力タワーを上回るテレビ塔建設計画を発表するのである。代々木の放送センターの敷地に、総工費一五〇億で正力タワーを上回る六五〇メートルのテレビ塔を建設しようというものだった。テレビ放送開始以前からなにかにつけて張り合ってきた日本テレビとＮＨＫが再び、世界一の電波塔建設をめぐって対立するのである。

ＮＨＫの計画を受けて、早速日本テレビは反応し「計画はうちの方が先、でき上がった正力タワーにＮＨＫが相乗りすればよい。ＮＨＫの相乗りについては、早くから利用をすすめている」と、正力タワーへの合流をNHKに求めた。それに対して、NHKは「NHKが民放に恒久施設を借りたという例はない。第一、そんなことをすれば、公共放送としてNHKの一般視聴者に対する責任が持てないではないか」と反論し、一歩も譲らない（「テレビ塔合戦に苦悶する河本郵政相」、九四―九五頁）。

東京タワー側としても、もし両者の計画のいずれかでも、実行されてしまえば、その存在意義が問われる事態となり、悠長には構えていられない。当時の河本敏夫郵政大臣も話し合いを呼びかけるほど、この世界一のテレビ塔をめぐる競争は緊迫感を増していった。だが、こうした両者の競争は、その発端となった人物の退場で幕引きとなった。一九六九年一〇月九日に正力松太郎は、正力タワー実現を見る前に亡くなるのである。そもそもが、膨大な投資をともなう構想であり、はたして経済的に見合うのか疑問視する声も多かっただけに、彼の死によって、両方の巨大テレビ塔建設計画は一気にしぼみ雲散霧消となった。

正力は、残念ながら、最晩年の悲願だった巨大なタワーの建設を実現できなかった。とはいえ、彼の存在は、日本テレビのみならず、日本のテレビの歴史を動かし牽引した巨人であり、その未完のタワーのごとく大きなものであったと言える。

その巨人が亡くなって一年後の一九七〇年一〇月、日本テレビは、東京タワーに送信所を移転する。東京タワー誕生から一二年経過して、ようやく、東京のテレビ局の送信所が一本化されることとなったのである。

第三章

初期テレビドラマの困難と成長

†ドラマのKRT

正力の日本テレビが街頭テレビで視聴者数を拡大していた一九五五年の四月一日、現在のTBSであるラジオ東京テレビ（KRT）が開局する。本書のなかでは、『マンモスタワー』を放送したテレビ局としても重要である。

このテレビ局は、その社名からもわかるように、もとはラジオ放送局として一九五一年一二月に誕生した。前年の電波三法施行により、民間にも放送事業が拡大し、新聞社を中心にラジオ放送に乗り出すようになるが、他方で正力松太郎がテレビ放送開始の動きを見せたことで、ラジオを始めようとしていた事業者は、テレビへの対応も強いられるようになった。KRTはまさに、そうした対応をいち早くおこなった放送局であり、ラジオの開局から半年後の一九五二年六月にはテレビ免許の申請をおこない、最初のラジオ兼営の民間テレビ局として開局した。

かくして、再スタートを切ったＫＲＴは、大きな課題を早速突きつけられる。巷では、日本テレビが、もっぱらプロレスやプロ野球といったスポーツ中継で大衆の人気を得ている。ＫＲＴも放送で特色を打ち出し、大衆にアピールしていくことが重要だった。

そこでＫＲＴが考えたのが、ドラマを軸にした番組づくりであった。「ドラマのＫＲＴ」という印象が視聴者に広まるようにドラマ制作に力を入れていった。ドラマは、大衆の人気を獲得するための有力なコンテンツだと言えるが、その一方で、初期のテレビ放送では、ドラマ制作はかなりの困難が付きまとう作業でもあった。

KRTのテレビ塔（『東京放送のあゆみ』より）

中継番組と違い、ドラマのようなスタジオでの番組は、技術や手間が非常にかかる。それは日本テレビも認めるところであり、そのこともあって、街頭テレビ向けの中継番組が多くつくられ、スタジオでのドラマ制作を強化するのは遅れてしまった。日本テレビが、ドラマを中心としたスタジオ番組に力を入れるようになるのは、街頭テレビが下火になってきた一九五六年頃だった（日本テレビ放送網株式会社社史編纂室編『大衆とともに二五年』、六一頁）。

当初はドラマをつくるのにも、スタジオの設備や機材が不十分であり、かつ、ドラマをどう撮って見せるかという撮影や演出の技術習得も求められた。さらになによりも問題だったのは、入念な準備が必要とされるドラマであろうと、生放送が前提であったという点だ。アメリカで開発されたＶＴＲが日本のテレビ局に導入されるのは、一九五八年のこと。他にも映画で使われるようなフィルムが、生ではなく記録を可能にしたが、それも、コストの面など諸問題があり積極的には導入されなかった。

かくして、一九五〇年代のドラマの形態は生放送が主流であり、一九五八年放送の『マンモスタワー』もそのような状況下で生み出された。ドラマ番組は、テレビの発展には欠かせなかったが、同時に、多くの苦労と困難を制作者たちに強いたのである。本章では、『マンモスタワー』に至るまでの、こうした草創期のドラマづくりの展開を見ていきたい。

†初のテレビドラマ『夕餉前』

テレビ放送における、ドラマへの関心は本放送開始以前の実験放送時代からすでに見られた。一九四〇年四月、NHKが放送技術の研究・開発をおこなっていた東京世田谷区砧の技術研究所のスタジオから、初のテレビドラマ『夕餉前』が三日間「生放送」された。

それは、母（原泉子）、兄（野々村潔）、妹（関志保子）の三人家族の夕食前の一刻を描いたドラマで、夕食のすき焼きを楽しみにしていた兄妹に、帰宅した母は二人それぞれに見合い写真を見せるのだが、二人は結婚はまだ先とばかりに無関心で、それよりも、いますぐのすき焼きを前にした会話で盛り上がるという、一二分ほどの短い話であった。NHK放送博物館には、『夕餉前』の台本が展示されている。

この話を考えたのは、NHK嘱託作家の伊馬鵜平《うへい》（のちの伊馬春部）で、演出を担当した坂本朝一（のちのNHK会長）と川口劉二（のちの毎日放送取締役）が、すでにラジオドラマでも一緒に仕事をして仲の良い彼にシナリオを依頼した。脚本の執筆料は現在の価値で約三〇万円だったとも言われ、一二分の単発ドラマということを考えてもじゅうぶんな報酬である。

伊馬は自宅近くのレストランで日頃から頻繁にすき焼きを食べており、そうした背景もあってドラマはすき焼きをめぐるコメディ的な話となっているが、現実のオチとしては、伊馬が受け取ったせっかくの高額な脚本執筆料も、彼が通い詰めたレストランのツケで消えてしまったということである。

『夕餉前』は、当初『夕餉時』というタイトルで、すき焼きを食べている家族の食卓のシーンが中心になる予定だったが、ドラマは一五分以内というあらかじめの制約があり、それでは、すき焼きの肉はじゅうぶんに煮えず、出演者は食べることができない。それゆえ、伊馬はすき焼きを囲んで家族が団欒する『夕餉時』ではなく、すき焼きが用意される前の期待や興奮をユーモラスに見せる『夕餉前』というドラマに変更した。一五分でも、撮った映像が記録され、編集できれば、『夕餉時』の設定でも問題はなかったはずだが、やはりそうした技術が使えない、当時の生放送の現場では、脚本の内容に影響を与えることは致し方なかった。

制限はこの話を撮る撮影にも及んだ。二台のカメラで撮られたが、要所で画面を切り替えたいのに、それが思うようにできないのである。たとえば、妹がロース肉の包みを兄に放って渡す場面では、まず妹をクロースアップで映し、肉の包みを投げた瞬間に画面を切り替え、次に受け取る兄をアップで映す演出が最初考えられていた。

やがては、ボタンスイッチを押して簡単におこなえるようになる画面切り替えも、当時はまだそこまでの技術がなく、二台のカメラで映し出された画面を素早く切り替えることは難しいことだった。森田創『紀元二六〇〇年のテレビドラマ』では、脚本に残されている鉛筆の書き込みから判断して、次のような画面の切り替えがじっさいにおこなわれたと推測されている。

①妹が肉の包みを探しに、茶の間から一旦消える

②画面の外から「そら、兄さん」と声をかけ、肉を放る（妹は映らず、声のみ聞こえる）

③茶の間にいる兄が、放り投げられた肉をキャッチする（兄の顔がアップで映される）

この演出だと、素早い画面の切り替えをせずに、事前に思い描いていた映像のつながり（コンティニュイティ）に近いものが表現できたようだ。技術的な不備と生放送という問題を踏まえての苦肉の策だったと言える。

†制約の多いドラマ撮影

ＮＨＫは実験放送時代に、来るべき本放送に向けて、課題の多いドラマ制作への対策を練っていた。正力がテレビ構想を公表した一九五一年九月から、ＮＨＫは、演出研究会を定期的に開催し、映画界から監督の山本嘉次郎、撮影の三浦光雄、唐沢弘光、美術の松山

崇など一流の映画人たちを講師として招いた（和田「テレビドラマ発達史（二）」、三二頁）。

一九五二年一二月にはアメリカNBCの演出家テッド・アレグレッティが来日し、以後一年半にわたる演出指導をおこなった。ポイントとして彼が伝えたのは、①テレビは、映画よりも時間と空間に大きな制限がある、②テレビ画面が小さいので、セットも人物もなるべく単純化した方がよい、③セットは、できるだけ多方面から撮影できるように工夫してつくらなければいけない、④基本的なショットの種類とその目的、アングルの心理的効果の解説、といったことであった（加納「テレビドラマ演出の生成と発展二」、二二頁）。

こうして未来のテレビドラマの制作者たちは、国内の映画人や海外の演出家といった先達のドラマづくりのプロたちに学び、本放送に備えた。そうして、本放送を迎えたNHKは、開局から三日後の二月四日に『山路の笛』という初のドラマを放送する。これは、午後八時から八時半に生放送された。内容は、東北地方の民話「絵姿女房」をベースにした話で、山路という農夫が美しい天女を妻とするも、権力者である王子の横恋慕によって心を痛め自殺し、天女もまた夫を追って自殺してしまう悲しい恋の物語である。

じつは筆者は、このドラマで美術を担当した橋本潔氏に話を聞く機会に恵まれ、放送された当時の状況をいろいろと知ることができた。その話の内容とドラマ制作の状況については、谷川建司編『映画人が語る　日本映画史の舞台裏［撮影現場編］』ならびに拙著『テレビ成長期の日本映画』にそれぞれ詳しく書いているが、以下ではその要点を補足しながら紹介しておきたい。

そもそも、『山路の笛』の話は、橋本が放送の二ヶ月前、一九五二年の年末に劇作家志望の妻に頼んで、書いてもらったものだった。なるほど、NHKは一九五二年に予備免許を取得しているので、そのすぐあとに、橋本が頼んだということであろう。

開局がいよいよ現実のものとなり、準備も本格化していく。確かに、映像を撮る技術については指導を受け探究もされてきた。だが、話をどうするかという視点はおろそかになっていたのである。それだけ人がいない状況だったのだ。

ちなみに、脚本を書いた橋本の妻は杉賀代子といい、劇作家を志望していたこともあり、これを契機にテレビドラマの脚本を多く手がけていく。翻って見れば、初期のテレビドラマの世界では、このようなそもそもの人材不足のおかげで、埋もれていた人材が世に出て、活躍できるということも多くあったということだ。

他にも、ドラマが撮られ、放送される場所についても言及すべきことがある。前章で述べたように、開局当初、テレビ用にきちんと設計されたスタジオがNHKには備わっていなかった。あくまで即席で設けられたスタジオで、『山路の笛』が放送された第一スタジオは、もとは事務室であり、部屋の中央にはいかにも邪魔になりそうな、建物の柱が通っているという有り様だった。

こうしたスタジオの構造上の問題を頭に入れながら、橋本はセットを設計し、生放送前日にそれを組み、二時間程度のリハーサルを二、三回おこなったのち、本番を迎えた。本番では、放送されているモニター画面を見ている余裕はなく、全員が動き回っていた。

さらに問題は、芝居を映し出すカメラにも及ぶ。二台のカメラがスタンバイされ、スイッチ操作によってそれぞれの映像が切り替えられる仕組みになっており、『夕餉前』の頃と比べていくらかスムースになっていた。けれども、細かく映像をカットしていくことは難しかった。カメラがあまりに重く機動力を欠いていたためだ。

二台のカメラのうち一台が撮影し画面に映し出している間に、もう一台が次に映し出すショットのために、所定の場所まで移動して準備しておかなければならない。ただ、カメラは相当重いので、容易に動き回ることが難しい。それゆえ、撮影しているカメラは、もう一台のカメラの移動から準備の時間を確保するため、回しっぱなしの、長回し撮影となったのである。

長短のカットを織り交ぜて五一カットで撮られたようだが、単純に三〇分の放送時間をこのショット数で割ると、ワン・ショットあたりの平均時間がおよそ三五秒となる。各ショットが三五秒ほど持続していくということだが、これは、同時代の映画界ではほぼ考えられないショットの長さであり、長回しで芸術的な表現を追求した巨匠、溝口健二監督の映画くらいしか見当たらない数値であった。

もっとも、ワン・ショットあたりの平均時間は同等でも、ショットの質はまったく違う。意図して芸術的に長く撮るか、長くカメラを回さざるを得ないからそう撮るかでは、やはり見る者に与える印象は大きく異なるというものだ。

生放送時代から活躍した演出家の大山勝美は、初期のドラマで長く撮らざるを得ないショットのなかには、「捨てカット」と呼ばれるものも含んでいたと述べている。これは、カメラ移動のための、つなぎのカットのことを指す。あえて撮る必要のない映像を一台のカメラが収め、その間にもう一台のカメラが所定の場所まで移動することが目的である。他にも、役者が着替えたり、メイクしたりするための時間稼ぎとしても「捨てカット」は利用され、大山は「テレビドラマのナマ時代は、その意味からいえば、ムダなカットだらけであった」と語っている（大山「技術がひらいたドラマの世界」、九八頁）。

照明では、膨大な光量を必要とし、そのせいでカツラやセットの一部が燃えたという逸話など、草創期のテレビドラマ制作の苦労話は、枚挙にいとまがない。映画に次ぐ、新しい映像娯楽メディアが誕生したはずだが、どうしても映画と比べて、劣っている部分、不十分な点が各方面からしばしば指摘されていた。

ただ、そうした不利を抱えながらも、ドラマの制作者たちは、テレビドラマとは何かを真剣に考えていった。そして、映画にはないテレビドラマの独自性や特長が追求されていくのである。

†テレビドラマとは何か

ドラマ制作者たちが追い求める、テレビドラマ特有な表現について、じつにそのヒントは、初のテレビドラマ『夕餉前』ですでに示されていた。このドラマの制作者たちは、脚本のことを「テレリオ」と呼んだ。映画の脚本が「シナリオ」であるのに対して、テレビなので、それは「テレリオ」というわけだ。この点からも映画への意識が垣間見られるが、そのテレリオで示されていた登場人物のセリフに、まさにテレビ独自の表現だと頷ける箇所がある。

すき焼きを楽しみに母を待つ兄が夕刊を読む場面、台本にはそこで彼が発するセリフが「ふうん……か。（その日のもっともトップ記事のみだしを読む）」とある。つまり、三日間おこなわれた本作の生放送それぞれで、その日多くの人が目にしていたニュース記事が登場人物によって読み上げられたということである。まず、こうした演出は映画では不可能である。映画のなかで登場人物が新聞を読み上げるシーンがあったとして、その内容は観客が映画を見に行った日に目にしていた新聞記事であるはずがない。当然、その映画はその日に撮られたものではないからである。

だが、生放送のテレビドラマならば可能である。『夕餉前』で制作者は、生放送というドラマづくりの大部分にネガティブな影響をもたらす特徴を逆手に取って、多くの視聴者が知っているであろう、その日の新聞記事を放送中に示すという演出をやってのけた。ドラマと現実の時間が密接につながるという関係性、これを初期テレビドラマの制作者たちは、映画にはないテレビドラマの特長であり、追求すべき芸術的表現として認識し、「同時性」や「即時性」といった言葉で共有した。

日本テレビ開局一ヶ月後の一九五三年九月二二日の午後八時から八時一五分にＮＴＶが放送した『生と死の一五分間』（池田義一演出）は、明らかに「同時性」を意識したドラマとなっている。デパートの屋上から投身自殺を図ろうとする男の救出を描いたドラマであるが、その救出に要した時間がタイトルの通り一五分であった。劇中で男が助けられるまでの時間と視聴者がそれを見ている現実の時間がちょうど重なるように演出されていたのである。まさに日本テレビの専売特許でもあった中継番組のごとく、男の救出が現実と同時進行的に映し出されていた。

こうした「同時性」をめぐる表現が最初に評価されたのは、一九五五年一一月二六日放送のＮＨＫドラマ『追跡』(永山弘演出)である。このドラマは、文部省芸術祭賞をテレビドラマで初めて受賞した。

芸術祭とは、敗戦後の荒廃した日本を芸術・文化の力で建て直すべく、当時の文部省が一九四六年から開始したもので、演劇、大衆芸能、音楽、映画、放送などの各分野において、団体／個人の優れた作品やパフォーマンスに対して、芸術祭賞(文部大臣賞)ならびに、それに次ぐ奨励賞が授与されていった。テレビドラマが初参加したのは一九五四年のことで、ＮＨＫと日本テレビから一作品ずつ二本のドラマが出品された。翌年には、四本が出品され、そのなかから、この『追跡』が初めてテレビで芸術祭賞を受賞したというわけだ。

ドラマの内容は東京、大阪で暗躍する密輸団を刑事たちが追跡する刑事ドラマであったが、「同時性」に関係する注目すべき点は、東京、大阪のスタジオと、東京・月島、大阪・道頓堀の屋外を結んで展開された「四元放送」という試みであった。

使用カメラは一一台、スタッフ二九五名による大規模なテレビドラマで、「ことに、かくしカメラで撮影している太左衛門橋の上の捕り物を、本物の捕り物かけんかかと、繁華街の通行人が多数なだれこんできたなまの迫力は、テレビの即時性の強味を画面上に証明」したと言われている（日本放送協会放送史編修室編『日本放送史　下巻』、五三四頁）。生放送のドラマに、一般人が知らないで入り込むとは、今ではとても考えられない出来事だが、そうしたアクシデントもテレビの同時性や即時性の魅力として理解されていたのである。

基本的に生ドラマは、ロケではなくスタジオ・ドラマとして制作されたが、それでも芸術祭参加作品など特別なドラマでは、「同時性」を強調するように屋外から中継して放送されることもあった。

たとえば、一九五七年の芸術祭賞を受賞したKRTドラマ『人命』は、『マンモスタワー』と同じ石川甫《はじめ》の演出であるが、彼は夜の駒沢球場を使って、そこで本当に事件が起きているかのように生ドラマで描き、その手法は「ドキュメンタリ・ドラマ」と称された。

芸術祭について、石川は「視聴率、視聴率と追いかけられて、そのうっ憤を晴らすには絶好の機会だった」と、その意義を語っている（「スタジオドラマの三〇年」、二八—二九頁）。テレビ・ドラマの「同時性」をめぐる表現の探究は、こうして芸術祭という輝ける舞台の存在で、より注目されるものになったのである。

†芸術祭での競争

芸術的な探究をおこなう初期ドラマの制作者たちは、芸術祭を目指して競い合うことが刺激にもなっていた。『追跡』の脚本を担当した内村直也は、「テレビの部門においては、この行事は異常なまでに関係者の熱意をあおる」と述べているが（文部省社会教育局芸術課編『芸術祭十五年史』、一五六頁）、その言葉が物語るように、芸術祭への熱は高まっていき、出品されるドラマの数が増えていった。

『追跡』が受賞した一九五五年が四本で、五六年はＫＲＴが初参加したこともあり九本、五七年が一七本と、年々増加し関心の高まりが感じられる。そして、五八年には二二本が出品されたなか、『マンモスタワー』が奨励賞に選ばれている。

ちなみに、五八年の芸術祭賞の受賞作は、初期のテレビドラマの歴史では必ずと言っていいほど言及される『私は貝になりたい』である。『私は貝になりたい』、『マンモスタワー』ともKRTドラマであるが、ドラマを売りにするこのテレビ局が、その実力を大いに発揮し、誇示したのが芸術祭の舞台であった。

じつにKRTは、芸術祭文部大臣賞を一九五七年から五九年まで三年連続で受賞し他のテレビ局を圧倒する。まさにこの連続受賞によって「ドラマのKRT」が強く印象付けられることになった。一般の視聴者にも芸術祭での受賞はインパクトを与え、ドラマの価値を伝えるものでもあったのだ。

しかるに、芸術祭に参加するテレビドラマの本数は、一九六一年の三一本をピークに以後減少して、テレビ局は関心を失っていく。その理由としては、参加への負担が大きくなっていったこと、視聴者の関心が薄れていったこと、選定基準の曖昧さなど、芸術祭そのものへの不信感などが挙げられている（松山「ドラマ論」、六三―六四頁）。それでも、芸術祭が、初期テレビドラマの発展を導くものとして機能し、意義があったことは否定できない。

†実利か、芸術か

同時性という初期テレビドラマの芸術的探究は、そもそもが、生放送である番組形態に由来することであったが、すでに見てきたように、多くの問題が存在するうえ、それを継続して実施していくことは、制作者たちの大きな負担であった。

それゆえ、すべてを生放送でおこなうのではなく、一部にフィルムを使用すればいいというアイデアが試された。事前に撮ったフィルム映像を流している間に、生放送の現場では次のショットのための、カメラ移動や、俳優のスタンバイなど準備することができる。そのうえフィルムを使うことで、スタジオの限定的空間から解放されロケ撮影がおこなえる、などの利点もあった。そのため、コストの問題ですべてをフィルム制作にすることは難しくても、部分的にフィルムを使用することは実践されていった。

けれども、これにも問題があった。フィルム映像とテレビ映像では画質が異なるため、組み合わせたときに違和感が生じるのである。じじつ、一九五六年の文部省芸術祭賞を受賞した『どたんば』では、演出の永山弘が当初はフィルム使用を考えつつも美的な観点からそれを断念している。

さらに、フィルムを使用して周囲から批判を浴びたと語るのは、KRTの演出家、高橋太一郎であった。彼は大人気となった探偵ドラマ『日真名氏飛び出す』を担当していた。このドラマは、KRTが一九五五年四月一日に放送を開始して八日後の四月九日から、そのあと一九六二年七月一四日の最終回まで、じつに七年という異例の長期間で放送された連続番組で、放送回数は計三八〇回を数えた。その記録は、同時代の他局の連続ドラマのそれを大きく超えており、まさに「ドラマのKRT」を象徴する番組のひとつであった。

高橋は、このKRTの看板ドラマで、フィルムを使用する。しかしながら、フィルム使用に関して、彼は「テレビはフィルムを使っちゃいかん、テレビはスタジオの生放送が本道で、フィルムは邪道だ、という意向が世間にありました」と批判があったことを明かしている（「テレビのリズム・映画のリズム」、一六四頁）。

そうした批判の背景には、やはり映画との違いを打ち出す「同時性」の観点があり、それゆえ「生放送が本道」だという考え方には彼も理解を示している。だがその一方で、同ドラマは「スタート間もなく16ミリのロケ・フィルムを間にはさむという新しい試みで、ドラマの展開に変化とテンポを持たせた」と評価され（原田『テレビドラマ三〇年』、三六頁）、またそもそも、フィルムを効果的に使用していなければ、三八〇回の放送は果たせなかったに違いない。テレビドラマの独自性を目指すか、実利的視点を採用するかで、初期のドラマ制作の言説と実践は揺れ動いていたのである。

ただ現実問題として、テレビドラマが発展し制作本数を伸ばしていくと、いつまでも生放送だけで押し通すわけにはいかなくなった。一九五〇年代後半以降、フィルムやＶＴＲがしばしば劇中に挿入されるようになる。そして、テレビ的美学としての「同時性」が貫徹される全編生放送の作品でなくとも、大いに評価される作品が登場してくる。前述の一九五八年度芸術祭賞受賞作『私は貝になりたい』（岡本愛彦演出）も、そのうちのひとつだ。

†『私は貝になりたい』とVTR

『私は貝になりたい』は『マンモスタワー』の放送から半月ほど前、一九五八年一〇月三一日に、同じくＫＲＴより放送された。内容は、フランキー堺演じる理髪師が戦時中、上官からアメリカ兵の捕虜殺害を命令され、殺しはしなかったものの、戦後、軍事裁判に掛けられ殺害に加担したとして処刑されてしまう話で、遺書として最後に語られた「私は貝になりたい」というセリフとともに、多くの感動を呼んだ。

放送終了後には再放送を望む声が殺到する。新聞各紙にも多くの投書が寄せられ、なかでも男子中学生からの「私は貝になりたくない」という表現で反戦を訴えた投稿が注目を集めた（「〝私は貝になりたい〟その批評集」、三四―三五頁）。本作品は予想通りこの年の芸術祭賞を受賞すると、審査員からは「一瞬にして消え去るテレビ芸術が放送後世上に大きな反響を与えた」と賛辞が送られた（大木「審査会始末記」、一二三頁）。

このドラマがもたらした反響は、テレビメディアの枠を越え、ライバルの映画産業にもこだまする。ドラマの人気に目をつけた東宝が翌年、映画化をおこない、脚本を担当した橋本忍を監督に、主演をドラマと同様にフランキー堺に据えて公開している。こうして、『私は貝になりたい』は、その人気が各方面に波及していくなど、初期のテレビドラマを代表する一作とみなされている。

このドラマは、内容への反響も大きかったが、ドラマ放送の年に導入されたVTRを大々的に使用したことでも目を引いた。演出の岡本は当初、全編を生放送のドラマとしてつくる予定だったが、スタッフから安全策としてVTR使用をすすめられ、前半の主人公の理髪師が米軍に連行されるまでの約三〇分をVTRで撮ることにした。そのあと、軍事裁判からの後半一時間ほどの部分が生放送された。

ちなみに、前半のVTR部分が一八一ショットから成り、後半の生放送が三三一ショットで撮られていた（佐怒賀『テレビドラマ史』、一四頁）。ここからワン・ショットあたりの平均時間を算出すると約一〇秒となり、本放送初のテレビドラマ『山路の笛』のそれが三五秒であったことを思い返せば、明らかな技術的進歩があったことが読み取れる。ただ、VTRと言ってもそれは当時録画機能のみで、映像／音響の切断・接合による編集がじゅうぶんにできるようになったのは一九六〇年代に入ってからであり、ここでは次のショットまでの時間稼ぎとして利用された「捨てカット」の排除を目的に導入されたにすぎなかった。

いずれにしても、以前に比べると、冗長的なショットが減り、そのぶんでも視聴者の鑑賞に堪えるドラマづくりがおこなえるようになっていった。そうして改善された映像技術でもって、演出の岡本は、視聴者の心に響くよう、「戦争は嫌いだ」というみずからの思いを、脚本の橋本の提案で「戦犯を主人公にしたドラマ」という視点から描こうとした（東京放送編『TBS五〇年史』、一二六頁）。

反戦を伝えるのに、戦犯を主人公として描くというのは、いかにも、大胆な視点の転換だと言えよう。ドラマの冒頭は、東京裁判にて東條英機に死刑判決がくだされるじっさいの記録映像から始まるのだが、それは、ドラマとはいえ同様に裁かれることになる主人公の運命を予感させるものとして印象深い。
このドラマを評価する、放送評論家の佐怒賀三夫はドラマ放送の一九五八年の社会状況について次のように語る。

前年五七年に起きた「ジラード事件」に引きつづいて、米兵の日本人射殺事件「ロングプリー事件」が発生し、私たちはまだ米軍支配下であることの実感を強く味わわされた。それから、この五八年にはまだ巣鴨拘置所に戦犯が収容されていて、その一人が首を吊って自殺するというニュースも伝えられ、巣鴨とか戦犯とかは、当時は非常にアクチュアルな問題だった。

（佐怒賀『テレビドラマ史』、一六頁）

巣鴨から戦犯がすべて釈放されたのが、ドラマ放送と同じ一九五八年のことであり、まだ、そうした話題はアクチュアルに、つまり現実の重要な問題として広く共有されていたのである。
ここで、佐怒賀が使ったアクチュアルという表現に注目したい。当時の資料を振り返ると、『私は貝になりたい』の頃より、テレビドラマをめぐる言説において盛んに用いられるようになっていた。じじつ、映画評論家の岡田晋もこのドラマに言及したさい、「テレビでぼくたちに強い感動を与えたのは、動きのもつアクチュアリティを、人物から強く感じさせる法廷シーン、巣鴨プリズンのシーン、刑場のシーンであり、このアクチュアルな迫力から、見る者は作者の設定したテーマを思考することができた」と(岡田「映画とテレビの分岐点・交流点」、五二頁)、アクチュアリティを強調しながら評している。

また、演出の岡本はテレビそのものについて「テレビはニュースと云う強烈なアクチュアリティーを視聴者夫々の家庭に流し込む窓口です」と定義し、さらにテレビドラマについては「〈アクチュアリティーを持つマスメディアであるところのテレビ〉の中で呼吸するドラマである」と断言している(岡本『テレビドラマのすべて』、五二頁)。なるほど、彼のこうした考えが、冒頭で「ニュースと云う強烈なアクチュアリティー」のようにじっさいの東京裁判の記録映像を引用するに至ったのかもしれない。

いずれにしても、ドラマが完全な生放送という状況から、『私は貝になりたい』のように部分的にVTRやフィルムを取り入れる一九五〇年代後半になると、テレビの「同時性」を強調するような声は以前よりも聞かれなくなっていく。しかしながら、テレビ芸術の探究は終わることはない。代わって、テレビ芸術で重要になっていったのは、「アクチュアリティ」であった。

†「同時性」から「アクチュアリティ」へ

『私は貝になりたい』の批評で用いられたアクチュアリティという評言は、そもそも一九五〇年代の花田清輝や安部公房らの芸術運動で盛んに用いられ、文芸／映画批評の領域ですでに登場していたが、テレビドラマの批評においても、次第に使われるようになっていった。前節での岡本の言葉にもあるように、ニュースを扱うテレビは、アクチュアリティとより結びつきが強いメディアだと認識され、その関係をテレビドラマにも発展させることが目指されたのである。

一九六〇年代以降、全編でフィルムやVTRを使って記録されたドラマが増えてくるようになると、いよいよ「同時性」は意味をなさなくなる。生ドラマだからこそ説得力を持っていた「同時性」はすっかり後退し、それと入れ替わるように、現実社会との強い関係性を訴える「アクチュアリティ」という評言が、テレビドラマの本質とばかりに、幅を利かせるようになった。

初期のテレビドラマで人気だった、事件もの・推理ドラマやホームドラマといったジャンルのなかには、このアクチュアリティを意識した作品も少なくなかった。たとえば、一九五七年から六四年まで続いた日本テレビの刑事ドラマ『ダイヤル一一〇番』では、オープニングに毎回「この物語は、事実または事実にもとづいて構成され、資料はすべて警察庁、警視庁ならびに全国警察の協力によるものです」というナレーションが入り、いかにもアクチュアリティを意識した導入部となっている。

ドラマのスタッフは新聞紙面をにぎわせた事件を隅々まであたり、じっさいの刑事に相談しながら制作にあたったという。さらに、全体の半分ほどがロケ・フィルムで構成され、刑事が街中をかけずり回って捜査する姿が映し出された。

テレビドラマに求められる芸術表現への期待は、こうして一九五〇年代後半より変化を見せ始めた。本書が注目する『マンモスタワー』は、すなわち、「同時性」から「アクチュアリティ」へとテレビドラマの特長を示す評言が移行していく、その過渡期に、放送されたということになる。そしてじっさいにも、『マンモスタワー』は、国民の大きな期待を担った東京タワーの誕生を控えたアクチュアルな状況に迫るものであり、テレビ的特長をアピールするドラマであったというわけだ。

第四章
映画とテレビの競合

†映画黄金期

『マンモスタワー』についての具体的な話に移る前に、本章では、その内容として描かれる映画産業のこと、そして、映画とテレビの関係について、一九五〇年代初期からの状況を振り返りながら確認していきたい。

サンフランシスコ講和条約が締結され日本が新しい時代を迎えようとしていた一九五一年、映画産業にとっても素晴らしいニュースが舞い込む。ヴェネチア映画祭で黒澤明監督『羅生門』がグランプリ（金獅子賞）を受賞したのである。

それまで海外でまともに見向きもされなかった日本映画が、この予想だにしない画期的な出来事によって注目を集めるようになる。その後も、同映画祭で、じつに一九五二年から五四年にかけて、溝口健二監督の『西鶴一代女』『雨月物語』『山椒大夫』がそれぞれ連続受賞し、またカンヌ映画祭でも、五四年に衣笠貞之助監督の『地獄門』がパルム・ドールを受賞するなど、日本映画への関心はより高まっていった。

一例として、一九五七年にはイギリスのロンドンにナショナル・フィルムシアター（現：BFI Southbank）が新設されるが、そのオープニング作品として選ばれたのが、同じ年に公開された黒澤明の『蜘蛛巣城』であった。このことは、本作品がイギリスのシェイクスピアの戯曲『マクベス』の翻案であったことがいくらか関係していたであろうが、それでも、黒澤の世界的な評価の高まりが背景にあったことには違いない。しかも、このイギリス国立劇場の話には続きがあり、オープニングから二週間後には、今度は「日本映画のシーズン」と題した特集上映が開催され、二〇本を超える日本映画が上映されて好評を博した（詳しくは拙論「一九五〇年代の日本映画産業と海外市場へのアプローチ」『映画産業史の転換点』所収を参照）。

こうした華々しい日本映画の国際的な活躍に対して、国内の状況も、活気溢れるものとなっていった。一九五〇年に七億一八七〇万人だった映画の観客数が年々急増し、『マンモスタワー』が放送された一九五八年に、歴代最高となる一一億二七四五万人を記録する。当時の日本の人口が八九二八万人（総理府統計局『日本の人口』、七二頁）であったことから、それは計算上、月に一度は国民各自が映画館に足を運んでいたことになるほどの数であった。映画が広く国民に愛され、娯楽の中心であったと理解できる。

他に、映画産業の動向を示す指標として、映画館の数や映画の製作本数に注目し、一九五〇年と五八年の数を比較してみておくと、前者は二四一〇館から七〇六七館に、後者は、二一五本から五〇四本に、いずれも大きく増加している。映画会社にとっては、映画を大量につくっても、上映してくれる多くの映画館があり、そこに多くの観客が集まって見てくれるという期待があった。もっとも、そうして映画を大量に生み出し、映画館に配給することのできる映画会社は、東宝・松竹・大映・日活・東映・新東宝の大手六社に限られており、映画の製作、配給をほぼ独占的におこなっていた。

『映画産業白書 一九五八年版』によれば、五七年に映画館に配給された日本映画四四三本のうち、じつに、四四一本が大手六社によって配給されていた。この六社以外の製作会社は、残念ながら、映画をつくっても、それをみずからの手で映画館に流通させることは難しく、六社に買い取って配給してもらうような手法を取らざるを得なかった。映画産業が賑わっても、映画をつくる会社で儲かるのは、この六社だけであったのだ。

大手六社は、全国の映画館と契約を結ぶか、直営の映画館を増やすかして、映画の配給

（流通）網をそれぞれに築いていき、それにより、つくった映画を安定的に映画館に配給し、観客にじゅうぶんに消費させることができた。いわゆる、この製作―配給―興行（上映）の垂直統合的支配によって、六社は、産業のなかで確固たる地位を維持し続けたのである。

それでも当然ながら、この六社間での競争は激しくおこなわれた。それは、映画の製作状況に端的に見て取れる。一九五〇年代に映画の製作本数が劇的に増加したが、映画会社は競い合うように、短期間で映画を量産していくことに躍起になった。六社にとって、良質な映画をじっくりと計画的に製作していくというよりは、安く早くつくって市場に次々に自社作品を流通させていくことの方が、より重要だと判断されたのである。

その結果、六社の新作映画が毎週のように二本ずつ公開されるという今では信じられないような状況が一九五〇年代半ばには成立していた。観客は一回の入場料金で二本の映画が見られたが、その二本の映画を映画会社は映画館に届けるようになっていった。いわゆる週替わりの新作二本立て配給がこの頃より常態化していくのである。

†新作二本立て

この新作二本立てを先導したのは、一九五一年に誕生した映画会社の東映であった。東映は、もとは大きな負債を抱えていた製作会社が配給会社と結びついて設立され、当初は松竹や東宝といった既存の大手映画会社との競争ではとてもかなわないと思われていた。

大きな負債を背負っているというマイナスからのスタートであり、かつ、松竹や東宝などと比べて、東映が契約を結んでいる映画館の数や質ははるかに劣り、映画を配給した館から得られる配給収入に大きな期待ができなかった。東映としては、いくら自信作を生み出しても、それを上映してくれる映画館がじゅうぶんになくては、どうしても儲かってはいかない。

さらに、東映は、映画館での二本立て興行でも不利を被った。従来の形態では、一般の映画館での二本立ては、館が映画会社二社と契約してそれぞれの会社から配給された一本ずつの作品を組み合わせて成立していた。館はその二本立ての興行で得た収益を契約を結んでいる二社と分配するのだが、東映としてはその分配に不満があった。東映が他社とともに映画館に作品を提供したとして、映画館から受け取れる分配金としての配給収入は、他社に比べて少なく設定されていた。これは、東映が後発の新参者ゆえ、映画会社間の力関係でそのような状況に甘んじることになってしまったのである。

そこで、東映はこうした問題を解決するために、二本立て全プロ配給を開始したのだった。それは、二本立ての上映プログラムを他社と併映しなくていいように、すべて東映作品で埋めようという狙いだった。

東映は、一九五四年一月から通常の長編劇映画に加え、「東映娯楽版」と称する中編作品も同時に配給するようになる。映画館としても、二社と契約するよりも、東映一社と契約した方が廉価で好都合だった。さらに、「娯楽版」として公開された、「里見八犬伝」五部作や「新諸国物語」シリーズのような子ども／ファミリー層向けの時代劇は、大きな人気となった。幸いにも時代劇の大スターや将来性のある若手俳優を多数抱えていた東映は、このジャンルで人気を獲得するのである。

東映時代劇の人気も手伝って、二本立て配給が好評を博し、東映とのみ契約する映画館、すなわち東映の専門館が続出する。一九五三年一二月末に東映専門館は四二館だったのに対し、二本立てを開始して半年強経過した五四年八月末には一五五館とじつに四倍近くにまで急増した（「二本立競争と日本映画の信用」、六五頁）。結果、配給収入が増加した東映は、なんと創設からわずか五年後の一九五六年に、配収トップだった松竹から一位の座を奪うのである。まさに、二本立て配給という施策が功を奏し、負債を抱えてスタートしたこの会社がまさかの大躍進を遂げた。

他方、他の大手映画会社も当然ながら、この東映の急成長を黙って見ているわけにはいかなかった。一九五六年一月から製作能力がともなわない新東宝を除く、松竹・大映・東宝・日活の四社が月八・六本の二本立て全プロ配給を開始する。

ただ、これら四社の二本立て配給は長くは続かなかった。三ヶ月後の五六年四月にはもう、日活が月六・三本に減らし、七月には月四・三本と一本立てに回帰する。次いで松竹も、七月に月六・三本に、五七年三月に月四・三本の一本立てに戻り、大映、東宝もこれに追随していく。

各社とも、東映の配給網の拡張を止めるべく無理して量産をおこなったが、製作費がふくらみ収支のバランスを崩してしまったのだ。たとえば、松竹の城戸四郎社長は「二本立の強行は自殺行為に等しい」と漏らし、「量より質」の「大作一本立主義」を名目に一本立てに戻したのであった(「再び二本立競合の泥合戦へ」、一二四頁)。

そのような変動があるなかで、にもかかわらず、東映だけが、二本立てを貫いた。依然として、この会社の配給網は伸び続け、一九五七年に東映専門館が他社の総計よりも上回る八三七館に達し、その結果五八年の上半期の配収では、新東宝を除く四社が二〇億円台であるなか、東映だけが四二億円と抜きん出ていた（「二本立競争と日本映画の信用」、六七頁）。

こうなると、他社には二本立てを再び開始するより手がなかった。東映以外の五社が東映の独走を止めるためには、「質より量」の競争に加わるより他なかった。かくして、一九五八年九月から今度は新東宝も含めた大手六社が出揃い、再度新作二本立ての競争が展開されることになったのである。

その二ヶ月後に放送されたテレビドラマ『マンモスタワー』は、すなわち、こうした「質より量」の、支出を抑えながら安く早く映画をつくる業界の状況を映し出すことになるのである。

†テレビの普及

映画は、伸び続ける観客数という圧倒的な需要に支持されて、産業的に充実はしていたものの、それでも、大手映画各社が、市場競争で強引に映画の量産を推し進めるなど、懸念すべき問題も存在した。くわえて、問題は産業の外からもやって来た。『マンモスタワー』が描くように、映像メディアとしての映画の立場を脅かす、新興のテレビメディアの存在である。

第二章でも述べたが、テレビの受信契約数は、一九五三年二月のＮＨＫ開局時でわずか八六六件、同年八月に日本テレビが開局した時点でも約三六〇〇件と、当初はいかにも今後に不安を抱かせる状況であった。なにしろ、一四型テレビの価格が一七万五千円から一八万円と、当時のサラリーマンの平均手取り月給の一〇倍以上の値段で、一般家庭がテレビを購入することは容易なことではなかった。

そこで、日本テレビの正力社長は、都心の主要駅など人が多く集まる場所に街頭テレビを設置し、大衆にテレビの魅力を広く伝えていく。一九五五年頃からは、街頭テレビは下火になっていき、テレビ価格の値下がりと並行して、飲食店でのテレビ設置が目立つようになっていった。

一般家庭へのテレビの浸透は、一九五九年四月におこなわれた当時の皇太子のご成婚パレードが関係して、急速に進んだと言われている。一九五八年四月には一〇〇万だったテレビの受信契約数が、パレード一週間前の五九年四月三日に二〇〇万に倍増し、さらに同年一〇月になると三〇〇万に達した（志賀『昭和テレビ放送史［上］』、二二〇頁）。

他にも、家庭へのテレビの浸透を促す要因はあった。やはり、テレビ価格の値下がりは重要で、一九五九年には六万円程度にまで価格が下がっていた。とはいえ、当時の賃金水準が月額二万二〇〇〇円ほどであったことから（経済企画庁編『国民生活白書　昭和三五年版』、四二頁）、テレビは依然として高価な代物であった。

そのため、多くの消費者はメーカーや小売店が推進する割賦制度を利用して購入する。一九六一年二月に通産省と日本機械連合が実施した割賦販売に関する調査によれば、家庭用電化製品の割賦販売をおこなっている商店で、テレビの割賦販売をおこなっている店は九七パーセントにのぼり、テレビの年間総販売額のうち六九パーセントが割賦販売による売り上げであった（日本放送協会放送文化研究所放送学研究室編『放送学研究九』、二四二頁）。テレビ価格の値下げと、分割で購入するという支払い方法の定着で、テレビが一般家庭の手の届く対象になっていったのである。

もっとも、テレビを購入しても、映らなければ意味がない。当初は、電波の受信エリアは東京とその近郊を中心とし限定的であった。その後、一九五四年三月にＮＨＫ大阪と名古屋が開局し、以降、主要都市から順番にネットワークが整備されていくことで、テレビ電波の受信エリアが拡大していく。一九五八年二月には受信エリアを持たない都道府県がなくなり、全国的に受信可能な地域が広がっていった（日本放送協会放送文化研究所放送学

研究室編『放送学研究八』、四八―四九頁)。

こうして、一般家庭へのテレビの普及は、一九五九年のご成婚パレードという国家行事の影響が大きかったものの、テレビ価格の値下がりや、割賦による支払い方法の定着、視聴可能エリアの拡大など、テレビ購入のための諸条件が整備されてきたということも重要であった。

テレビ産業は、このあとも順調に発展していくが、それとは反対に、順調とはいかなくなったのが、映画産業であった。一九五八年に映画観客数は過去最高の一一億二七四五万人を記録したが、それを頂点に、翌年からは減少へと向かう。テレビ受信契約数が急増した一九五九年から、映画の観客数は減少に転じるのである。

以後、一九六〇年に一〇億人だった映画観客数が、わずか三年で半数に、七〇年を迎えるときには四分の一と急落する。この間、大手映画会社新東宝が一九六一年に倒産し、また、七一年には日活が一般劇映画から撤退して成人映画専門の会社となり、大映も同じ年に倒産するなど、映画産業の衰退は観客数の減少とともに誰の目にも明らかになっていった。

一九六二年版の『映画産業白書』にも、映画観客数の減少が「テレビ等の影響」だと明記され（一四六頁）、映画産業はテレビのことを意識しているのがわかる。それでは、映画産業は、そうして成長を遂げていくライバル産業にどのような反応を示していたのだろうか。

†「映画」は渡さない、テレビとの対立

テレビ放送がスタートしても、当初はそれを見る人も少なければ、番組をつくる体制も設備も不十分であったことは、これまで述べてきた。そのなかでも視聴者に人気だった番組が、街頭テレビで受けていた「スポーツ番組」と、映画会社から提供された「劇映画」であった。

たとえば、一九五三年一〇月に放送文化研究所が東京地区の受信契約者一三三〇名を対象にした番組の嗜好調査で、「みたい」と答えた人がもっとも多かったのは、七四パーセントの回答を得た「劇映画」であった（日本放送協会放送史編修室編『日本放送史下巻』、七八一頁）。二位は「レスリング」と、やはりスポーツ番組の人気の高さが見て取れるが、「劇映画」の人気はそのあとも根強く、同じく研究所が一九五五年二月におこなった京浜・名古屋・大阪の地区別の調査でも、京浜で一位、名古屋で五位、大阪で七位となって

いた。

いまでも、劇場公開から一定期間経過した映画がテレビで放映されることはよくあることだ。一九五三年という日本のテレビ放送元年でもその傾向は見られ、前述の調査で視聴者がもっとも期待する番組として挙げていた「劇映画」は、テレビ局にとって、局内での番組制作能力の不備を補う意味でも貴重なコンテンツであった。

とはいえ、大手映画会社は当初から、自社作品の提供に前向きではなかった。テレビ放送初年度では、日本テレビと長期契約を結んでいたのは新東宝だけであったし、NHKに提供されていた映画は、同局で放送されていたラジオドラマを原作とするものなど、NHKが関わる作品に限られていた。たとえば、NHKが一九五二年四月から放送していたラジオドラマで、放送時間帯になると銭湯の女湯から人が消えるとまで言われた大人気作品の映画化、松竹映画『君の名は』（大庭秀雄監督）も、一九五三年に同局で放映されていた。

ただ、この映画のテレビ放映で興味深いのは、通常の劇場公開後に放映がおこなわれたのではなく、映画公開前におこなわれたということである。それについては、拙論「『君の名は』と松竹メロドラマ」（『昭和史講義【戦後文化篇】（下）』所収）で詳述しているので、以下では簡単に記しておきたい。

『君の名は』のテレビ放映は、映画公開の二日前、九月一二日の午後七時三〇分からおこなわれた。普通では考えられない、劇場公開前のテレビ放映については、NHKが宣伝で協力してくれたという裏事情もあったようだが、それでも、松竹が大きな期待をかけている映画を劇場公開前に放映するとは、さほどテレビを見られる人がいない当時の状況とて、驚きである。この映画を見に行こうと考えていた観客を失いかねない行為である。

もっとも、さすがに松竹も、封切り前の映画をテレビでそのまま見せるほど、お人好しではない。じつは『君の名は』の放映は映画全編を見せるのではなく、二時間超の本作品を、三〇分に編集したものであり、かつ本編の未公開シーン、スチル、解説のナレーション、監督ならびに岸恵子・佐田啓二の主演二人のインタビューを加えた特別バージョンとなっていた。なるほど、そうなると、その放映は、間近に公開が迫った『君の名は』の魅力を伝える、さながら宣伝番組だったといえよう。

この宣伝効果がどれほどあったかはわからないが、映画は大ヒットし、一九五三年に公開されたすべての映画のなかで二位の配給収入を記録した。ちなみに、一位は続編として公開された『君の名は』第二部であり、続いて公開された第三部は五四年に配収トップとなって、『君の名は』はいずれも大稼ぎした。じつに、三作合計で九億六〇〇〇万円の配給収入、約三〇〇〇万人の観客動員を果たした。

いずれにしても、こうして映画館に人が集まる一九五〇年代初頭から半ばにはまだ、映画会社は、放送を開始したばかりで未熟なテレビに強い恐れを抱くことはなく、「電気紙芝居」と言って見下す傾向にあった。それゆえ、「劇映画」提供をめぐる交渉においても、映画会社は強気に出て、やがて、映画料金の値上げをテレビ局に強硬に迫っていった。だが、局側がそれに反発したことで関係が悪化、ついには、映画会社は自社作品の提供停止を決断する。

それにより、まず一九五六年一〇月に日活を除いた東映、松竹、東宝、大映、新東宝の大手五社の劇映画がテレビから姿を消し、次いで日活も五八年八月末で作品提供を止めて、大手映画会社の作品がここで完全にテレビから消えてしまうのである。映画とテレビの対立が、はっきりと表面化したと言える。

この大手映画会社がとった措置によって、テレビの映画番組は、大手ではない独立プロダクションの映画か、もしくは海外の作品に限られてしまった。このことは、テレビ局にとって大きな痛手となった。

だが、他方で有力な「劇映画」を失ったことは、テレビ産業が自立して成長していくきっかけになったとも考えられる。テレビ局はドラマの制作に、より力を入れるようになり、前章で述べた、テレビ芸術の追求から、それを披露する舞台としての文部省芸術祭での活躍、さらに一般の多くの人にも深く感動を与えた『私は貝になりたい』のような人気ドラマの誕生へとつなげていったのである。

こうして見ていくと、一九五八年一一月放送の『マンモスタワー』は、生まれるべくして生まれたテレビドラマだと言える。数ヶ月前には、大手映画会社からの劇映画提供が完全にストップし、映画とテレビの対立ははっきりした。『マンモスタワー』は、まさにその映画とテレビの対立を描いている。テレビ局は、魅力的な「映画」というコンテンツを失うことで逆に、映画には負けない、テレビドラマの価値を高めることをより意識するようになったが、『マンモスタワー』はその意識下で生み出され、結果、芸術祭奨励賞を受賞し期待に応えたのである。

映画会社による劇映画の提供停止は、一九六四年九月まで続いた。この措置が続いた期間、テレビはドラマ制作の能力で、確実に力をつけていった。収入の面でも、映画の興行収入はテレビ放送事業者の収入に抜かれるなど、力関係が逆転してしまっていた。

一九五〇年代半ばまでの映画がテレビに対して優位だと感じていた立場は、その頃にはすっかり反対の状況になっていたのである。もはや、映画はテレビに歯向かってはいられない。どうテレビと協調していくかが、映画の存立にも関わる課題となっていった。

†映画スターたちのテレビドラマ出演

一九五〇年代の黄金期には映画会社は、テレビ局に劇映画の提供をめぐって厳しい態度を示したが、同様に、映画スターのテレビ出演に関しても対立姿勢で臨んでいた。映画産業は、テレビ対策についての委員会を設けるなどして話し合い、映画会社が専属で契約している俳優について、許可制を敷いた。以前から、委員会等では「テレビに対して積極的に協力しない」という申し合わせが交わされていて(「劇映画各社のテレビ対策」、四四一頁)、許可制といっても、基本的に、大手映画会社は専属俳優のテレビ出演を認めないという方針であった。

そうは言っても、映画スターのテレビ出演がまったくなかったわけではない。確かに契約上の問題が絡んで映画人のテレビ出演は難しい状況だったかもしれないが、それでも、一九五〇年代の黄金期の映画界から、テレビの世界へと足を踏み入れていった、主演級のスターが多くいた。

新聞紙面を見返すと、松竹の看板女優として活躍していた有馬稲子が一九五七年七月に『私は告発します』(日本テレビ)で初出演し、正義感の強い女子学生を演じたことや(『読売新聞』一九五七年七月二四日付朝刊)、のちに東映任俠映画で大スターになる鶴田浩二が、一九五八年に『美しい灯に』(日本テレビ)で連続ドラマ初出演を果たし、弟思いで純情なサラリーマン役を務めたことなどが大きな話題として掲載されている(『読売新聞』一九五八年三月一〇日付朝刊)。当然、こうしてドラマ出演を果たした映画スターたちのなかに、『マンモスタワー』で主演を務めた森雅之も含まれているのであり、森のドラマ出演については、次章で詳しく述べる。

一般的には、映画スターのドラマ出演は、映画作品のテレビ局への提供と同様に、一九六〇年代に映画産業が斜陽になり傾きだしたことで、活発になっていった。つまり、六〇年代になって、映画事業が以前ほど儲かるものでなくなると、映画会社はそれまで専属契約を結んでいた俳優やスタッフとの契約を次々に打ち切っていくが、それにより、俳優たちは新たに活動の場を求めるべくテレビに向かっていった。

専属俳優たちであっても、映画で充実した仕事ができず、テレビ出演を希望する者たちの気持ちを、映画会社は、抑えることができなくなっていった。このような状況は、新作二本立て配給が成功し、業界トップの地位にあった、東映ですら、免れないものであった。

東映は一九五〇年代に数々の時代劇映画がヒットして、京都の撮影所で時代劇を量産していたが、六〇年代になると、その時代劇映画の人気が衰え、時代劇スターたちが活動しにくい状況になる。他方で、テレビでは、時代劇のドラマが数々と生み出され人気となり、そうした状況から、東映時代劇のスターたちが、相次いでテレビ時代劇に出演していくのである。

たとえば、一九六四年から六五年に一年四ヶ月にわたって、日本教育テレビ（NET、現：テレビ朝日）が制作・放送した『徳川家康』は、大河ドラマを意識した大型時代劇であったが、若き家康を北大路欣也が演じ、壮年期を彼の父親で、東映で「御大」と呼ばれていた絶対的大スター市川右太衛門が演じたことで注目を集めた。しかも東映は、放送期間中の一九六五年の正月に、映画で『徳川家康』（伊藤大輔監督）を公開し、家康をここでも北大路に演じさせるという、テレビと連動した試みを実践する。

他の東映のスターたちも、相次いでテレビに出演する。もう一方の「御大」である片岡千恵蔵が、一九六五年に『落城』で本格的にテレビドラマに出演すると、翌年には、東映時代劇において絶対的エースであった中村錦之助と大川橋蔵が、ついにテレビ時代劇に登場する。

錦之助はＮＥＴで「中村錦之助アワー」とサブタイトルが付いた四本の単発時代劇に出ると、同じ年に今度はＴＢＳで一年間放送された『真田幸村』に主演する。この作品は、中村勘三郎、朝丘ルリ子、杉村春子、それに森雅之と豪華な共演陣を擁して、かなりの製作費を使った大型時代劇であった。だが、期待に反して視聴率がさほど伸びなかった。おまけに錦之助は、慣れないテレビの制作現場に苛立っていたとも言われている。そうして苦闘する錦之助とは対照的に、素早くテレビに順応したのが、大川橋蔵であった。

彼のテレビでの成功は、フジテレビで一九六六年五月から放送された『銭形平次』になによりも象徴される。なにしろ、それは一九八四年四月まで続いた大長寿番組であり、放送は全八八八回を数えた。橋蔵の銭形平次は、彼が東映の時代劇映画で活躍していたイメージを塗り替えてしまうほど多くの人に親しまれ、愛されていった。

こうして、東映の時代劇スターたちは、テレビに活躍の場を求めて移っていった。他社の俳優たちも同様に、テレビに出演していったし、俳優だけでなく、監督やスタッフなども、テレビの仕事をおこなうようになっていった。ただ、さらにいうならば、映画会社でさえもテレビに強い関心を示していた。

確かに、映画会社はテレビ局に映画も人も渡さないという対立姿勢を見せていたが、それだけではない、テレビとの別の関係性も築こうとしていた。第一章でも述べたが、映画会社はテレビ局設立にも深く関わっていたのである。

†テレビ事業への進出

映画会社はテレビ産業に歯向かう姿勢を見せながらも、他方で、その可能性をじっくりと探っていた。そして各社は、テレビ事業にも魅力を感じ、じっさいに乗り出していくのである。

映画会社のなかで、テレビ進出にもっとも積極的だったのは、東映だった。東映は前述のように、一九五一年に創設された会社で、多額の負債を抱え、また映画を流通させる配給網が他社と比べて劣り、当初から不利を被っていた。だが、その状況を打破すべく、新作二本立て配給という思い切った施策を実行し、成功させたことで、この後発の会社は五六年には配給収入でトップに立つのである。

革新的な取り組みで、業界の勢力図を塗り替えてきた東映は、業界トップに立った五六年には、郵政省にテレビ免許の申請書を提出し、他社に先んじてテレビ事業に乗り出す姿勢を明らかにする。東映の大川博社長は映画とテレビの「一元的経営」を打ち出し、自社の人材や設備をテレビ事業でも活用する意向を示す。また「従来の生の芝居を全部フイルム化して放送する」という目標が掲げられ、テレビと同じ映像分野で活動してきた利点を最大限生かして、テレビ事業でも利益を上げることが考えられたのである（大川「テレビ・二本立・直営館」、三頁）。

この東映の動きに、他の大手映画会社も対応せざるを得ない。東映の二本立て配給に続く攻勢として、テレビ事業への参入は、他社にとって軽視できないものとなった。東映のテレビ免許申請の翌年、一九五七年に松竹、東宝、大映、日活、新東宝とすべての大手映画会社が、追随してテレビ免許の申請をおこなうのである。

映画会社のテレビ事業への進出は、映画大国のアメリカ・ハリウッドでも見られたことだった。パラマウントが参入にもっとも積極的な会社で、テレビ局を所有し放送事業を展開しようと一九二〇年代後半にはその準備を開始した。だが、連邦通信委員会は反トラスト法を理由に、パラマウントなどメジャー各社によるテレビ局の免許申請をすべて却下した。

日本の場合、映画会社のテレビ局申請については、アメリカのように完全に却下されることはなく、統合調整が進められたのち、一定の成果が上がる。東映は、旺文社と日本短波放送と各一億八〇〇〇万円を出資して、一九五七年にNETを設立し、五九年二月に開局する。NET設立までには、日活と新東宝が申請したテレビ局は、すでに東映側に吸収されていて、東映は他の申請者たちを取り込みながら勢力を増強していった。

一方で、このグループに属さない松竹・東宝・大映は文化放送とニッポン放送とともにフジテレビに出資し、NET開局から一ヶ月後の一九五九年三月に開局する。ただ、文化放送・ニッポン放送がそれぞれ四割出資したのに対し、松竹・東宝・大映は残りの二割を三等分するかたちで各四〇〇〇万円の出資にとどまる。それは、東映の出資額と比べても大きな開きがあり、やはり、東映がいかにテレビを含めた「一元的経営」に本気だったかが理解できる。

†テレビ映画の製作

東映大川の映画とテレビの一元的経営は、NET設立だけで終わらない。東映の持つリソースを、テレビ事業にも活用し成果を上げることが狙いであり、大川が「従来の生の芝居を全部フイルム化して放送する」という具体的な施策を掲げていたことはすでに述べた。

この思いを体現したものが、テレビ映画製作事業である。東映は、主に一六ミリフィルムで撮られたテレビ向けの映画（テレビ映画）の製作に積極的に乗り出していったのである。

一九五八年七月、この会社は、テレビ・プロダクションを設立し、自社の撮影所でテレビ映画の製作を開始する。大映・松竹・東宝といった他の映画会社も同時期に子会社や傍系会社を通してテレビ映画の製作に乗り出してはいた。だが、東映の場合、テレビ映画のために東京撮影所にステージ二棟を新設、「テレビ映画製作に必要な、専用の設備機構を持った我が国最初にして唯一のスタジオ」と言われるほどの施設を用意し（野坂「或る現実」、一二三頁）、テレビ映画製作にかける真剣度合いは他と大きく異なっていた。

一九六〇年代になると、東映に限らず、各社のテレビ映画製作が本格化していく。テレビドラマはもはや生放送の時代ではなくなり、テレビ局は、ドラマ番組の規模を拡大させていこうとするのだが、設備投資するにも限界がある。そこで、テレビ局は映画会社に外部発注をして、テレビ映画製作を委託することが増えていったのである。

映画会社にとって、テレビ映画製作は、そこまで儲かるものではなかったようだが、それでも観客動員で収入が大きく左右される映画事業とは違い、テレビ映画の方は、ある程度着実に利益が上げられる事業として魅力であった。くわえて、映画会社のテレビ映画事業は、映画では活躍の機会を失った人材に、活動の場を提供できるいい機会にもなった。

かくして、『マンモスタワー』が描くような映画とテレビの対立は、とりわけ一九五〇年代半ば以降、目立って見られたことかもしれないが、それでも、対立だけではない側面があったことも事実だ。そして、六〇年代になると、映画産業は斜陽に陥り、もはや対立していては成り立たなくなり、テレビ産業との協調関係を意識した活動へと転換していくのである。

それでは、このあと第二部で、これまで述べてきた話を踏まえて、一九五八年一一月にKRTより放送されたドラマ『マンモスタワー』について詳しく見ていきたい。

第二部

『マンモスタワー』の制作・内容

第五章　ドラマ誕生の背景

†「日曜劇場」の歴史

芸術祭奨励賞を受賞した『マンモスタワー』は、一九五八年一一月一六日に、KRTのドラマ枠「日曜劇場」の第一〇三回に放送され、このドラマ枠で現存するもっとも古いドラマとされている。そして、この「日曜劇場」自体もまた、ドラマの歴史にとって特筆すべき番組である。というのも、「日曜劇場」は（二〇〇二年九月まで、東芝が単独スポンサーであり「東芝日曜劇場」）、一九五六年一二月にスタートし、現在も続いており、じつに日本のテレビドラマ枠でもっとも長い歴史をもつ番組だからだ。まさに、「日曜劇場」は「ドラマのKRT」を象徴する番組なのである。

「日曜劇場」の生みの親とされる企画者の田中亮吉によれば、日本テレビのスポーツ中継の人気に対抗するため編成局長から企画を求められ、それで示したのが「俳優と作家をおさえてドラマのKRテレビでいく」という案だった（佐怒賀『テレビドラマ史』、一七二頁）。田中は、舞台や映画で活躍している有名俳優たちと交渉を重ね、出演を取り決めていく。

たとえば、『マンモスタワー』の放送以前の「日曜劇場」には、中村勘三郎（一七代目）、松本幸四郎（八代目）、尾上松緑（二代目）、三木のり平、森繁久彌、杉村春子、山田五十鈴、佐田啓二、岡田茉莉子などが出演している。森繁は『マンモスタワー』に出演しているが、すでに第四回『忘れえぬクリスマス』にも登場していたのである。

前章で紹介したように、一般的には映画俳優のテレビドラマ出演は、簡単に実現するものではなかった。専属俳優のテレビ出演に関して映画会社は許可制を敷くが、ただ、テレビへの対抗上、それは基本的には認めないということを意味していた。それゆえ、映画スターたちのテレビ出演は、彼／彼女らが特定の映画会社と専属契約を結んでいない場合がほとんどだった。ただそのなかで、多少なりとも、映画会社の専属でありながら、テレビ出演を果たした俳優たちもいる。

そのうちの一人が、『マンモスタワー』の主演の森雅之であった。といっても、『マンモスタワー』は森が映画会社の専属俳優として出演した作品ではない。一九五八年一一月に放送された『マンモスタワー』の出演時には、森は日活の専属から離れフリーになっていた。森が日活の専属俳優だったさいに出演したのは、その二年前、一九五六年一一月放送のテレビドラマ『勝利者』である。

†森雅之のテレビ初出演

『勝利者』は一九五六年に芸術祭奨励賞を受賞した、こちらもKRT放送のドラマである。そして、この作品が森にとって初めてのテレビドラマ出演となった。くわえて、注目すべきは、本作を演出したのが『マンモスタワー』の演出家・石川甫だった点だ。

残念ながら、『勝利者』は現存していないので確認できないが、ミュージカルドラマだったとされている。石川によれば、KRTからスタジオの設備を活用したミュージカルドラマという条件を与えられ、制作したのだという（石川「社会問題劇」、一七五頁）。テレビ最初期から数々の名作ドラマを手がけていった重要な演出家・岡本愛彦《よしひこ》は本作について次のように評価している。

「勝利者」は、音楽畑出身の石川甫氏によって演出のリズムと云うものを我々は教えられました。多分に映画的な手法が用いられていましたが、石川氏のテレビドラマの開拓者としての野心に満ちたスタジオ技法は、テレビ演出の一つの可能性を示したと云えましょう。TBSの局舎をフルに中継技術で活かしていたのも特長の一つです。

(岡本『テレビドラマのすべて』、八八―八九頁)

石川が音楽畑出身と述べられているが、彼は、もとはNHKのディレクターでミュージカルをよく担当していた。『勝利者』がミュージカル作品だったのは、石川のそれまでのキャリアが関係していたのかもしれない。いずれにしても、岡本はそうした石川の音楽的感性に触れつつ、映画的な表現方法を用いて、挑戦的なテレビドラマを生み出したことを評価している。

こうして、芸術祭奨励賞に輝き、高く評価された『勝利者』だが、それでは、本作品でテレビドラマに初出演した森雅之はどのような感想を抱いていたか。じつは、それはあまりいいものではなかった。映画の撮影とは勝手が違ったのか、制約の多いテレビドラマの撮影に対し、森は「ノビノビした気持ちになれない」という感想を漏らし、それからしばらくテレビの出演を断るようになったのである(田中眞澄他編『森雅之』、一六〇頁)。

森の『勝利者』へのドラマ初出演は、どうやら苦い思い出となった。ただ、石川との関係は『勝利者』で終わりではなかった。二年後に、『マンモスタワー』で再び仕事をともにする。しかも森は、今度は主演である。

†演出家・石川甫

森雅之のような映画界の大スターが、映画とテレビの対立を描いたテレビドラマで、主人公の映画会社の人間を演じるという設定が、具体的な内容を問う以前に、このドラマへの関心を高める大きな理由になっている。森をこのドラマに起用できたのは、一度ドラマを一緒につくり、交流を持っていた演出の石川の存在が大きかったのかもしれない。そう思わせるのは、石川が、このドラマの企画の中心的人物であったからだ。

『マンモスタワー』を演出した石川甫は、KRTでそれまでに『勝利者』や『人命』といった芸術祭の受賞作品を手がけてきた初期テレビドラマを代表する演出家の一人である。『勝利者』は一九五六年に奨励賞を受賞し、『人命』は五七年に芸術祭賞を受賞したが、ただ、どちらも会社から条件を付けられての制作だった。

『勝利者』については前述の通りで、KRTの設備や機材を生かしたミュージカル作品が求められ、『人命』ではドキュメンタリー的要素を加えることが必要だった。石川にとっては、あらかじめ課せられた条件に縛られ、自由なドラマ制作ができないストレスがあった。

そのなかで、彼は一九五八年の芸術祭参加ドラマの制作をみたび任されることになるのだが、ここでようやく、条件なしで自由にドラマを撮れることになった。ついに、自分が本当につくりたいものをつくれる、その状況がやってきた。そうして生み出されたものが『マンモスタワー』であったわけだ。以下では、石川がどのような思考から、このドラマの制作にたどり着いたのか、『現代テレビ講座　第三巻』に収録されている彼の随筆（「社会問題劇」）を参考に、確認しておきたい。

話のテーマについて、石川が漠然と考えたのが、「非情であること」であった。そして、その「非情」として、テレビの成長によって追い込まれていく映画界の状況が思い浮かんだ。

前章で見たように、一九五八年はテレビ受信契約数が一〇〇万を突破し、皇太子のご成婚パレードのあった五九年の爆発的な増加を準備する。他方で映画はこの年に過去最高の観客数を記録し、翌年から減少に向かうのだが、石川がこのドラマを構想した時点で、これから映画はテレビによって大きな痛手を被ると予測していた。

彼が問題視したのが、テレビの急速な成長もさることながら、映画産業内での混乱ぶりだった。どの大手映画会社も配給網を拡張しようと、新作二本立ての乱作に明け暮れ、質の追求はなく、むしろ、その低下を招いていたことが問題だった。映画はテレビから圧力を受けているが、それに対抗しようにも、映画産業自体が進むべき方向性を間違って問題を抱えている。

このような視点でのドラマづくりを石川は考えていた。漠然と思い描いていた話の内容を、そこから肉付けして具体化していく作業が必要となる。石川は、ドラマの骨格となるシナリオを書いてもらう作家として、じゅうぶんに実績のある技術的にも安心できる人、ではなくて、荒削りでもいいから新鮮な感覚を持ち若くて勢いのある作家を探し求めた。そこでたどり着いたのが、白坂依志夫だった。依頼を受けた白坂は、二つ返事で承諾した。

†シナリオ作家・白坂依志夫

白坂は、一九三二年九月に東京で生まれた。『マンモスタワー』放送時に二六歳なので、石川が求めた若いシナリオ作家に該当する。本名は八住利義で、父親はロシア文学者で映画やテレビなどで活躍した有名な脚本家八住利雄である。

白坂は学生の頃から、父の影響からか、芝居の世界にのめり込み、演技や演出に関心を示しながらも、やはりシナリオを書くことを繰り返しおこなった。そのなかには、父親名義になっている脚本でも、じつはデビュー前の白坂が大部分を手がけたものもあったようだ（田山「白坂依志夫」、一二六頁）。

白坂は早稲田大学三年生だった一九五五年に大映と契約する。電車のなかで偶然出会った大映のプロデューサーが、白坂を誘ったのである。前述のように、当時映画産業は好調で、大手各社は市場シェアを伸ばすために、映画の量産に励んでいたが、もととなるシナリオがなければ当然、映画がつくれないわけで、大映には、その映画製作の原点ともいうべきシナリオを生み出していく脚本家が不足していた。

その頃、白坂は、開局したKRTを就職先として志望していたときで、この出会いがなければ、映画でのキャリアを踏まずに、あるいはKRTで『マンモスタワー』のシナリオを書いていたかもしれない。そうなれば、白坂は違った視点から映画産業のことを書いていたのだろうなどと想像させるが、いずれにしても、彼は大映に入社して映画産業の内情をじゅうぶんに知ったうえで、『マンモスタワー』のシナリオを書くことになった。

彼の脚本家デビューは、入社の翌年、一九五六年の村山三男監督『女中さん日記』である。映画界で名の通った父親と区別してもらうため、デビュー時から白坂依志夫というペン・ネームで活動するが、当初は監督にシナリオを勝手に書き換えられるなど不満が溜まることも多かった。また、頑張ってシナリオを書いて、映画になっても、名前が前面に出るのは、監督や俳優ばかりで、脚本家の名前は目立たない。そうした立場にも嫌気がさしていた。

それでも白坂は、みずからのシナリオのスタイルを追求し、独特な早いセリフ回し、スピーディーな場面展開、社会批判や最新の社会風俗を盛り込んだ描写などを意識して書いていった。幸いにも、この彼の思い描くシナリオを見事に映像にしてくれる監督が当時の大映にいた。増村保造《やすぞう》である。

増村は、大映入社後、イタリアに留学し映画を学び、一九五五年に戻って来ると、助監督として巨匠溝口健二や市川崑に就き、五七年に『くちづけ』で監督デビューする。溝口も認める異才の持ち主として社内でも注目を集め、白坂も入社してすぐに頭角を現してきた増村の存在を注視していた。

そんな折、白坂は会社から源氏鶏太の小説『青空娘』の脚本を書くよう命じられる。監督は増村だった。本作品で白坂は、増村の才能に感銘を受ける。これまでは、自身の書いたシナリオが映像になったとき、がっかりすることが多かったが、増村が監督の場合は違った。増村は白坂のシナリオを想像以上の出来栄えで映像にしてくれる。白坂への会社の評価も高まり次々に脚本の仕事がくるなかで、それでも、新進気鋭の増村との仕事は彼にとって特別で大きな刺激となった。

両者は『青空娘』以来、いくつもの映画をともに手がけていった。そのなかでも、重要な作品として挙げられるのは、『マンモスタワー』放送の一九五八年に公開された映画『巨人と玩具』である。『巨人と玩具』は六月二二日に公開されたので、一一月一六日に放送された『マンモスタワー』より五ヶ月ほど早く世に出たことになる。

白坂脚本の『巨人と玩具』

『巨人と玩具』は開高健原作の映画化で、製菓会社同士がマスメディアを利用し熾烈な宣伝合戦を繰り広げる。宣伝部の人間たちは、会社から成果を上げるようプレッシャーを受け、常に仕事に追われている。

とにかく人物たちの会話がスピーディーで、早いセリフ回しを作風にする白坂のシナリオを増村はきちんと理解し映像にしている。彼/彼女らが機関銃のようにまくしたてて話す姿から、時間に追われながら仕事をしている、せわしない状況が伝わってくる。

増村は「一種の非人間的なものを出そう」とし（「映画になったマスコミ」、九二頁）、マスコミという「巨人」を相手に、人間性が崩壊していく人物たちを登場させる。その象徴が、製菓会社の「トレード・キャラクター」に抜擢されるヒロインの少女（野添ひとみ）だ。

冒頭のタイトル画面で、彼女のあどけない姿が提示されるや、ある瞬間で静止し、そのイメージが小さくなって増殖し、無数の静止画が画面を覆う。これはいったい何を意味するのか。

彼女は一般人であるにもかかわらず、製菓会社に注目され広告で起用される。彼女は大人たちに言われるがままにポーズをとって、写真に撮られ、それが雑誌で大量に複製、散布されていく。あるときは人形のように宇宙服を着せられテレビCMで商品の宣伝をする。そして、その映像が各所で流れているところが映し出されるという具合に、冒頭の無数の静止画はそうしてとめどなく増殖し続ける彼女の表層のイメージを表している。

だが、彼女のイメージが増殖するに従い、彼女を「玩具」としてしか見ない周囲の連中の非人間的な対応によって、彼女もまた、一般人だった頃の天真爛漫さを失い、自分らしさを欠いていく。彼女のＣＭ撮影に同席したテレビの女性プロデューサーは「あの人は女じゃない。機械なのよ」と周囲に言われるが、その言葉はこの作品のマスコミ社会で生きる多くの人間たちに当てはまる象徴的なセリフである。

白坂は、『巨人と玩具』あたりから組織と個人の関係を意識的に取り扱うようになったと語っている（田山「白坂依志夫」、一二七頁）。『巨人と玩具』では、会社という組織に押しつぶされていく登場人物たちが目立ったが、この映画のあとにつくられたドラマ『マンモスタワー』にもその傾向が引き継がれている。他方で、当然ながら違いもあり、詳しいことは、次章以降の具体的な作品分析で見ていきたい。

†放送本番に向けて

「ある失脚」。これが、白坂が書いた初稿のタイトルであった。演出の石川の随筆では、大宝映画の製作本部長黒木俊介を主人公に、彼の苦悩と悲哀を描いた作品であったと記されている。

大宝映画とは、白坂の所属する大手映画会社の大映と、同じく大手の東宝を組み合わせたような名前で架空の映画会社であるが、一九六一年に新東宝が倒産したあと、その配給部門が分社化して設立されたのが、「大宝株式会社」であり、このドラマのあとに、じっさいに「大宝」という映画（配給）会社が誕生したことになる。

じつは、この初稿の時点では、タイトルからも想像できるように、東京タワーには関心が向けられてはいない。石川は白坂から初稿を受け取ったあと、建設中の東京タワーを訪れる機会があった。そのあまりの巨大さに圧倒されて、自分たちの存在がちっぽけに感じられた。

彼は、この巨大な電波塔を起点に広がるテレビ、ラジオといったマスコミの世界、捉えどころのない怪物性を盛り込むべきだという考えに至り、ここにきてテレビと映画の対立という問題に目を向けるようになる。さらにテレビと映画の対立に巻き込まれていく人間たちの諸相を描き、人間ドラマとして深みを持たせることも重視した。この石川の意向を受けて、白坂はシナリオを改稿し、タイトル「マンモスタワー」とする現行のシナリオが生み出されることとなった。

なるほど、テレビと映画の対立という発想は、石川が東京タワーを間近で見たことに端を発するというわけだ。さすれば、タワーは怪物的なマスコミ世界の起点であり、かつ、このドラマの起点でもあったということになる。

このシナリオ作成と並行して、一九五八年一一月一六日の放送に向けて制作の準備が進められた。本格的な準備がスタートしたのが、放送のおよそ三週間前の一〇月二四日のこと。まずは技術的な打合せを重ねつつ、撮影に適した場所を探す、いわゆるロケハンが繰り返しおこなわれていった。

ドラマで描かれるシーンとその構成から判断して、全部を生放送でおこなうことはできない。一部をスタジオの外で、ロケ撮影をおこない事前に収録しておく必要があった。そこで、この年に導入されたＶＴＲが利用されることになった。

ロケハンがひと通り終わると、本読みや稽古が連日おこなわれた。テレビと映画の対立が話の中心になる本作において、視聴者にはそれぞれの業界の特徴をはっきりと区別させるため、俳優たちは、みずからが演じる人物の所属が、テレビ業界なのか映画業界なのかで、異なる演技が求められた。あとの章で具体的に確認するが、そうして俳優たちの役に基づき、演技スタイルの指示が区別されたことも関係して、テレビと映画のそれぞれの業界に漂う空気感や雰囲気に異なる印象が与えられた。

こうして俳優の演技の方向性が固められつつ、本番の生放送一週間前には、ひと足先に、ＶＴＲの収録がおこなわれた。そこで撮られたものが、ドラマの生放送中に挿入されるのである。

難しいのは、ドラマの流れを崩さないように収録部分を挿入し、生ドラマとVTRの映像をスムーズに切り替えていくことだった。VTRの挿入は全部で五ヶ所あり、どう挿入するかについて、じゅうぶんに検討がなされていった。その準備の甲斐あって、本番では、思い通りにスムーズに切り替えができたという。

石川は、VTRの挿入にしてもそうだが、生放送で問題なくドラマを進行させるにあたり、事前に技術的な打合せを各スタッフと重ねていった。そうしてコミュニケーションをじゅうぶんに取ることが重要だった。

もし、ディレクターと技術スタッフの間でじゅうぶんな打合せができていないと、生放送で映像をカットして切り替えていく作業にどうしても支障がでる。石川が目指すリズミカルなカッティングを実現するために、彼は技術的打合せを意識的におこない、みずからの演出のイメージを制作メンバーに正確に伝えていった。

本番への仕上がりをきちんと確認するために、やはりリハーサルも重要である。リハーサルは、一九五八年一一月一六日の本番の前日から当日にかけておこなわれた。かくして、いよいよ『マンモスタワー』はその日の午後九時一五分から一〇時三五分に、オンエアーされたのである。

第六章　映画会社にはびこる因襲と矛盾――『マンモスタワー』考(二)

†東京タワーの不気味さ

ドラマ『マンモスタワー』は、東京芝公園内で建設工事が進む東京タワーを下から大きく捉えたショットで始まる。そこに重ねられるのが「マスコミ　この巨大な　つかまえ所のない　怪物」という字幕。続くショットでは、別のタワー部分を同様に下から大きく映し出すとともに、作業する人たちの姿が小さく捉えられ、「マスコミ　ふみつぶされそうな　人間たち」という字幕が被さる。一貫して工事の作業音のような音が鳴り響くのだが、字幕の内容と併せて、どうも全体のトーンとしては明るい感じではない。三三三メートルの世界一の鉄塔の完成が間近に迫っている。だが、それにわくわくしたり、興奮したりするようなオープニングではない。

くしくも、このドラマが放送された一九五八年一一月一六日に発行された『週刊サンケイ』に、東京タワーの記事が掲載されていたが、それはドラマ冒頭とは違って、はっきりとしたポジティブな印象を与えるものとなっている。もとは閑静な地域だった芝公園周辺の町内会や商店街の街づくり計画、タワー内での結婚式の申込み、タワーをビジネスに結びつけようとする観光バスやレコード会社の取り組みなどが、紹介されている。東京タワーの完成は新しい魅力的な観光名所の誕生を意味し、地域の活性化や優れた経済効果への期待となっている。

それに対してドラマの東京タワーは、まさに字幕で提示された「怪物」のような不気味さを醸し出している。第三章で述べたように、同時代のテレビドラマの世界では、アクチュアリティという観点から芸術的探究がおこなわれていたが、このドラマ冒頭で東京タワーの建設という、まさに現在進行形の国家的ビッグイベントを、演出の石川は独自の視点から切り取って提示してみせるのである。このあとも石川は、東京タワーを世間で期待されるような魅力的な観光スポットとして映し出そうとはしない。

オープニングのクレジットを挟んで続く場面では、カメラはそれまでよりも一段と低い地上レベルから、東京タワーを見上げる（図1）。カメラはそのまま移動しながらタワーを捉え続けると、画面の外からは車など乗り物の発する音が聞こえてくるのだが、すぐに

図1

その音をかき消すように、女性の明瞭な声が響き渡る。
「この大鉄塔は、フランスはパリ、パリはエッフェル塔より三〇メートル以上も高いのでございます。正称は日本電波塔、ニックネームは東京タワー。世界に誇る日本の名物が、またひとつ増えたことになるのでございます」と話す女性は、どうやらバスガイドであることがわかる。すなわち、カメラは移動する観光バスの車内から東京タワーを見上げていることになる。バスガイドは、東京タワーを「世界に誇る日本の名物」と言ってみたりするのだが、けれども、ドラマの内容は東京タワーを「日本の名物」として扱うことはない。
東京タワーに向けるドラマの関心は、続くバスガイドの「やがて塔の頂上から全国へ流れるマスコミの王者、テレビ、ラジオの電波」という言葉に象徴される。最初の二つのショットで「マスコミ　この巨大な　つかまえ所のない　怪物」と「マスコミ　ふみつぶされそうな　人間たち」という字幕が提示されたが、やはり東京タワーはマスコミのテレビやラジオを支える文字通り大きな存在として意識されているのがわかる。ただ、その東京タワーが支持するマスコミというのは、「怪物」であり、人間たちをふみつぶしてしまうようなものとして捉えられている。

バスガイドが話を続けるなか、映像では、観光バスの窓からその巨大な鉄塔を見上げる人たちの姿が映される。一様に窓から外に首をニョキッと突き出して、見上げる人たちの顔がクローズアップで映し出されていくが、それぞれの表情は何か得体の知れない「怪物」でも見たようにこわばったものになっている（図2）。その巨大な怪物のもとで、人間たちがただただ圧倒され、硬直しているのである。

前章で紹介したように、演出の石川は建設中の東京タワーを見たことで、それに圧倒され、怪物としてのマスコミの存在を描くことを考えたというが、ドラマのなかで東京タワーを見て驚きの表情を浮かべる人間たちの姿は、おそらく石川自身の姿でもあったのだろう。冒頭から、石川の体験とアイデアが反映されたショットの連続である。

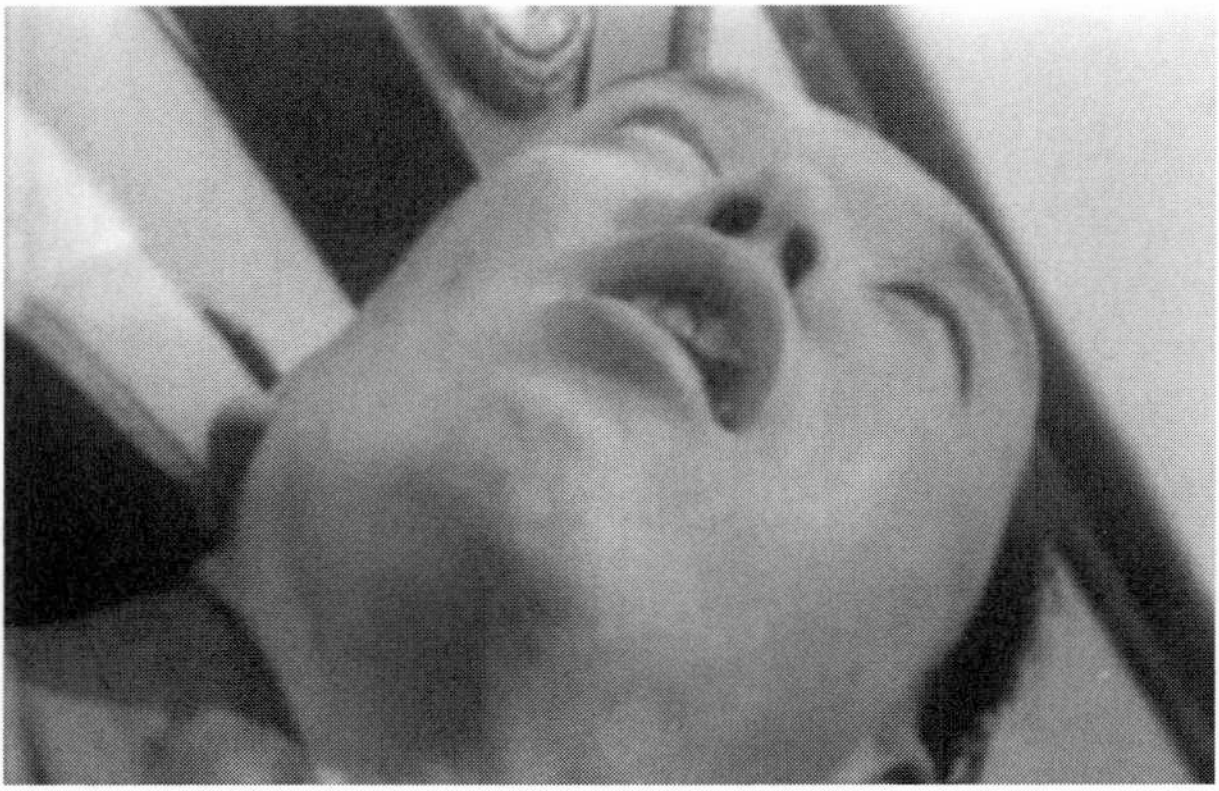
図2

さらに、この一連のショットは、このあとのドラマの展開を示唆するものにもなっている。ドラマは、東京タワーが支持する、巨大化していくテレビ産業の挑戦を受けた映画人たちにもっぱら焦点が当てられる。そうした映画人たちは、果たしてマスコミ（テレビ産業）という怪物に「ふみつぶされそうな人間たち」であるのか。

その人間たちは観光バスの窓から顔を出して、ただ単に、圧倒されるだけの存在ではない。立ち向かう相手が怪物といえども、ある者はそれを怪物ととらえずに通り過ぎようとし、ある者はそれとの共存の道を探り、また、ある者は、必死に格闘しようとする。それぞれのドラマが用意されているのである。

†映画は「色付き、ワイド」

もうすぐ完成を迎える東京タワーをカメラが地上から仰ぎ見るように映し出していると、カットが替わり、同様に下からの構図で東京タワーが画面全体に広がる。だが、前のカットと違って、そのタワーはいささか違和感を感じさせる。すると画面の外から「風速九〇メートルで倒れるそうだね。神風を祈りたいよ」という人の言葉が聞こえてくるのだが、すぐに、巨大なはずの東京タワーが人の手で覆われ、握り潰されてしまうのである（図3）。

どうやら、違和感を感じさせた東京タワーは紙に印刷された写真であり、それを映画会社の重役が握り潰したのである。本物のマンモスタワーを捉えた冒頭とはシーン自体も変わっていて、タワーが窓の向こうに見える建物の一室で、映画会社の社長や重役たちは会議をし、テレビについて話を始める（図4）。この映画会社とは、大映と東宝を組み合わせたような名前の大宝映画であり、以後、この会社の登場人物たちが中心になってドラマが展開していく。

社長の大友（三島雅夫）は「テレビ恐るるに足らず」、「テレビ番組の愚劣さ。画面に何

図 3

図 4

かが映っていればいいってやり方だ」、「テレビは迫力のない家庭娯楽に過ぎない」と並べ立ててテレビを酷評する一方で、映画はというと、「色付き、ワイド」つまり、まだ白黒テレビの時代に映画では色が付き、画面のワイド化が達成されたことを誇示するのである。じつにカラー映画と画面のワイド化は、映画産業がテレビとの差別化をはかる意味もあり、推進した技術革新であった。例えば、このドラマが放送された一九五八年版の『映画産業白書』を見ても、「天然色映画の製作は、最近テレビ等の進出に対する映画産業の対抗策の一つ」(一〇頁)、「わが国における大型化の将来の見透しとしては、それが最も有力なテレビ対策の一つ」というように(一二―一三頁)、テレビという新たなメディア技術に対抗する上で、それらが求められていたことがわかる。

日本でのカラー映画の製作は、一九五一年の松竹作品『カルメン故郷に帰る』(木下恵介監督)から本格的に始まり、五三年の大映作品『地獄門』(衣笠貞之助監督)がその鮮やかな色彩効果も手伝ってカンヌ映画祭でグランプリを受賞する。テレビでは一九六〇年にようやくカラー放送が始まり、六四年の東京オリンピックを契機にカラーテレビが普及していくのであり、確かに一九五〇年代に、カラー映画を推進することは、テレビにはない魅力を強調する意味でも重要だったとうなずける。

ただ、カラー映画の製作はそれまでの白黒映画よりも大幅にコストがかかるという難点があった。それに対して、他方の画面のワイド化は、専用の機械設備さえ整えば、毎回の製作費は、それほど増加せずにすんだ。このワイド化がおこなわれるようになったのが、一九五七年からであり、映画産業をリードする東映によって先陣が切られた。東映がその年の四月に公開した『鳳城の花嫁』（松田定次監督）は「東映スコープ」と銘打たれ、以後、各社の名を冠した「スコープ映画」が公開されていく。

スコープ映画とはそれまでの縦横比一：一・三三（サイレント時代は縦横比一：一・三三であったが、トーキー以降同サイズが標準化した）の画面が横に大きく拡大し、縦横比一：二・三五（初期には、縦横比一：二・五五など、しばしば他の比率で製作されることがあった）の画面を構成するワイドフォーマットである。このスコープ映画を一九五七年より各社が順次製作するようになり、あっという間に普及していく。

前述のように、カラー映画の方が先行して日本映画でつくられてはいたが、『マンモスタワー』放送の一九五八年にはカラー映画が一五〇本製作されたのに対して、スコープ映画は三七九本つくられ、カラー作品をすぐに凌駕してしまうのである（通商産業省企業局商務課編『映画産業白書　一九六二年版』、一三一―一四頁）。しかもそうして画面が大きく拡大した作品は、興行成績にも好影響をもたらした。

『マンモスタワー』で、大宝映画の社長が「色付き、ワイド」の映画を誇示する姿勢には、やはりじっさいに映画の技術革新が進んで成果を上げ、テレビとの違いが鮮明になってきたことへの自信が込められているわけである。

†映画会社の自己矛盾

ただ、繰り返すが、映画の技術革新を自画自賛し、「テレビ恐るるに足らず」と放言する大宝映画の社長とそれに賛同する重役たちの背後には、窓を通して東京タワーが映し出されている。すぐそばまで、テレビの影響力が迫っていることを示唆するようである。

すなわち、彼らはテレビを〈見下す〉発言をするものの、じっさいには、前の場面で、一般市民が観光バスの車内から東京タワーを〈見上げて〉圧倒されているように、テレビ産業の成長は目覚ましく、状況を〈見誤っている〉と言えよう。なにしろ、彼らは「風速九〇メートルで倒れるそうだね。神風を祈りたいよ」と言って、紙に印刷された虚像の東京タワーを握り潰すだけで、じっさいの東京タワーを直視することはない。

大友社長が「本部長、テレビには絶対マネのできない写真（映画の意味）をたくさんつくってくれたまえ」と言い、別の人物が「わが大宝映画のモットーは、安く早くつくれておもしろくですからな」と続ける。つまり、テレビにはマネのできない魅力ある映画を安く早くつくるという、いかにも理想だが極めて困難な製作の指令が飛んでいる。

お金も時間もかけてもいいから、テレビにはマネできない映画をつくってくれという指令ならば、いくらか安心して製作ができるというものだが、現実はそうではない。お金も時間もかけられないなか、次々に優れた作品を生み出さなければいけないという、経営陣からの厳しい要求が突きつけられているわけだ。しかして、それに取り組まなければならない本部長というのが、このドラマの主人公、森雅之演じる黒木俊介である。

彼は、「安く早くつくれておもしろく」と言われたことを、強調するようにみずからも繰り返して述べたあとに、「毎週忠臣蔵を出すんですな、オールスターキャストで」とぶっきらぼうに皮肉っぽく言うと、席を立って一人退出する。その発言と行動には、会社の製作方針へのささやかな抵抗か、あるいは、そうした難題を引き受けざるを得ない立場にあることへの諦念か、いずれにしても、彼が困難な環境に置かれていることが読み取れる。

大友社長は、黒木の言動の本質を見ず、イイねと高笑いし盛り上がるのだが、この場面の最後のオチとして、彼はふと腕時計を見て冷静になり「いかん、日米野球だよ、テレビ見よう」と立ち上がって終わる。テレビをあれだけバカにしていた大宝映画の社長が、無自覚にすっかりテレビにハマっているという、自己矛盾を露呈するのである。それは、じっさいにも、テレビ産業に圧力をかけながらも、テレビ局の開設に参加したり、テレビ映画をつくったりして、テレビ産業の成長に乗っかろうとする、映画会社の矛盾ある行動に通じるやもしれない。

いずれにしても、このあとドラマは、大友社長が図らずも露呈させてしまった無自覚な潜在的なテレビの勢いが、はっきりと顕在化していく様子を描いていく。くわえて、問題になるのが、自分たちの置かれている状況を把握できていない映画会社の姿勢であり、このドラマの主人公黒木は、そうした社内の姿勢に抗っていくのである。

†合理化の推進とその障害

映画製作を統括する黒木は、社内の旧態依然とした因襲を改め、「合理化」を推し進めようとする。彼にとっては、冷暖房を完備しないスタジオ、予算と時間を大幅に超過して撮影する巨匠監督、高給取りの名ばかりのスター女優などは排除すべき対象となる。じっさいの映画界にも、いく人かの例外を除いては、ひと昔前の時代で大活躍し、そのスタイルのままでいる人物たちは、変化の波に乗れず、取り残されていった。

黒木は、合理化という己の信条に従って、そうした昔の感覚で仕事をしようとする人物たちに辛辣な言葉を投げかけていく。彼は、社内随一の巨匠監督に「あなた程度の芸術では、切り詰めれば今の三分の一の製作費でできる」と言い、高給取りの名ばかりのスター女優にはギャラを前年の半分以下にして、さらに「三年前の君は確かに人気があった。君の名前で客が呼べた。しかし今は違う」とまで言い放ち、二人をひどく怒らせる。

会社は安く早くつくれておもしろくという効率よく効果をあげる映画を求め、その要求に応える形で黒木は合理化を進め、その監督と女優に厳しいことを述べた。にもかかわらず、重役たちは、二人に同情し、黒木を批判する。会社の製作方針から見れば、黒木の二人への指摘は間違っていないはずだ。だが、彼に賛同する者はおらず、むしろその行動を経営陣は問題視していくのである。じつに、大宝映画という組織の自己矛盾がここでも露呈している。

結局のところ、黒木の周囲にいる社内の人間たちは、一貫性のない自家撞着な者ばかりである。そのなかにあって、黒木と同様に、自分の考えを貫き、周りに流されない人物が、新人女優・片桐奈美（山本嘉子）である。彼女が、他とは一線を画す人物であることは、登場シーンからもうかがえる。

その場面、片桐の登場は、黒木によって誘導される。黒木は撮影所内建物の二階で助監督である坂上（垂水悟郎）という若い男と話をして、彼の書いたシナリオ『若者たち』を評価する。「映画に一番必要なのは若さだ。冒険はおしまないよ。名ばかりの大巨匠やギャラばかり高い大スターはもうたくさんだからね」と、若い坂上への期待を示した黒木は、窓の外に目をやり、「あの子、どう思う」と尋ねる。

その「あの子」こそが、新人女優の片桐奈美なのであり、カメラは黒木の視線に誘導され、片桐に向けられる。すると、そこには、馬に乗ったまま撮影所の門をくぐろうとする彼女の姿があり、それを守衛が注意するという、なんとも奇妙な光景が展開される。

馬での出社を咎められた片桐は、それでも馬から降りることはせず、これが「自家用車」だと言い張る。「車なら霊柩車でも通すが、馬はダメだ」と言われても、彼女は「そんな規則はない」と反論、さらに「規則はないが前例もない」と迫られても、「私、大好き、前例をつくるのが」と言うと、守衛の静止を押し切って、所内に入っていくのである。

馬に乗って撮影所にやってくるという行為自体は、一般的には、異質で風変わりに映るが、それを遠くから見つめる黒木にとっては、旧態依然とした撮影所に、彼女は新しい風となって入り込んでくれると期待された。坂上もまた、彼女と同様に新しい風となるべく「とにかく映画界は革命が必要です」と決意を示す。

しかして、黒木は坂上に彼のシナリオ『若者たち』を初監督させることを告げ、その主演に片桐奈美を起用することを促すのである。

†流される者と流されない者

七年の助監督経験を経てようやく監督の座をつかんだ坂上は、旅館の一室で、黒木とプロデューサーとともに『若者たち』の映画化について打ち合わせすることになった。皮肉にも、旅館の待合室には、テレビが置かれ、黒木たちの接客をしてくれる女将や従業員たちがそれを見て盛り上がっている。

こうしてテレビは、映画館という特別な場所を要する映画と違って、人びとの日常の空間に溶け込んで浸透してきている。しかも、黒木など映画人たちが大事な打ち合わせを必死におこなっているすぐそばで、かたやテレビが旅館の従業員に束の間の憩いを提供している。もはや、テレビの存在が同じ大衆娯楽としての映画の立場に影響を及ぼしているのは火を見るよりも明らかである。

製作本部長である黒木は、この新しいメディアであるテレビの勢いに対抗する意味でも、やはり既存の映画をアップデートしてより魅力あるものにしていく使命がある。そのためには、坂上のような若い新しい感覚を持った人材の活躍が必要であり、つまるところ、彼の初監督作品『若者たち』の成功が、今後の大宝映画の命運を握ると言っても過言ではなかった。

それゆえ、この『若者たち』をめぐる議論にも自然と熱が入る。坂上とプロデューサーが黒木を間にはさむ形でコの字型に座り、文字通り黒木が中心となって、映画の細部を詰めていく。その席上で、黒木はより新鮮な映画にすべく、新人女優の片桐奈美を主演に起用することを強く薦めるのである。

だが、これまで黒木の意見に賛同してきた坂上が、この黒木の提案にはいい顔をしない。建物の二階から遠目で見ていたときには彼女を評価していた坂上だが、いざ、みずからの初監督作品の主演として彼女の存在が眼前に浮かび上がると、なぜか尻込みしてしまう。プロデューサーも彼女の起用に反対する。

というのも、片桐の現場での評判が良くないからだ。当然ながら現場の評判が悪いと、撮影のチームワークが乱れ、監督、プロデューサーは撮影チームの統率がとれなくなる。

こうした両者の否定的な反応に対して、中央に座する黒木は、語気を強めて「君たち若い作家がだね、現場のジメジメした空気を一掃しなくてどうするんだ」と翻意を促す。それにより、ついには、坂上も気圧される形で、彼女の主演を決断するのである。

しかるに、彼女の大宝映画での前途が決して、明るいものでないことは、旅館でのこのミーティングの場に、早速呼び出されて、じっさいに坂上やプロデューサーと対面したときに示唆される。この主演女優は、別件で席を外した黒木の代わりに、彼の座っていたところに位置するのだが、その身体が本来よりもさらに小さく見える。黒木が中央でタバコを吸いながら威勢を張り（図5）、坂上とプロデューサーを圧倒していたのとは対照的に、片桐は二人からの圧力を感じ、中央で窮屈そうに縮こまっているのである（図6）。

なにしろ、プロデューサーは「無理だと思うんだがね、君には。だけど、本部長の推薦だから、まあ、しっかりやってくれよ」と嫌味ったらしく言い、坂上は期待の言葉をかけることもなしに、片桐には見向きもしないで無表情でタバコを吸っている状況だ。少し前までは、中央で黒木がタバコを吸いながらその場を仕切っていたのに対して、ここでは、黒木の代わりに片桐が座り、今度は坂上がタバコを吸って、いかにも彼女を萎縮させる威圧感を醸し出している。

図 5

図 6

案の定、次にクローズアップで捉えられた片桐の表情は曇り、不安と不信が入り混じった感情が読み取れる。そこに坂上のタバコのもくもくとした煙がかかり、文字通り、今後の雲行きが怪しいことが暗示されるのである。

坂上はプロデューサーから、シナリオに女性主人公が裸になるシーンを追加するように言われ従う。だが、じつは坂上は以前黒木に、他の映画によく見られるエロの場面を撮らないで、若者たちの本当の青春を描くと、意気揚々と語っていた。けれども、プロデューサーの指示で、彼はあっさりとそのような信念を捨て、女性主人公の裸のシーンをシナリオに追加してしまう。助監督を長く務め、ようやく自作のシナリオ『若者たち』を監督する機会が巡ってきた坂上は、結局はエロなしで臨むという当初の強い信念をあっさりと捨てて去り、簡単に長いものには巻かれてしまうのである。

それに対して、片桐は、巡ってきた主演のチャンスだが、予想される通り、相手が誰であろうと自分の考えを曲げない。現場で裸のシーンがあると知らされたとき、アップで捉えられた彼女は鋭い視線を坂上に向け、「裸になる必然性はどこにあるの」と強く問いかける。坂上は、なにも言葉を返すことができない。本人もそんな必然性はないとわかっているからだ。さらに「坂上さん、どうなんですか」と迫るが、周囲のスタッフからは、

「坂上さんではなく先生と呼べ」とヤジを飛ばされ、それにもまた彼女は「監督も女優も同じ芸術家である以上、対等なはずよ」と反論する。

こうした撮影現場での上下関係が映画界の古くからの因襲として存在していたことを示唆しつつ、彼女はその因襲に立ち向かおうとする。その姿勢は、彼女を推薦した黒木も期待するところだったはずだが、残念ながら、現場には黒木がおらず、彼女は孤立無援の状況に陥ってしまっている。

黒木が期待していた〈若者たち〉、坂上と片桐について、前者は黒木の思っていたのとは違い、因襲に染まっていってしまうが、後者はそうした因襲に立ち向かい己の信念を貫こうとする。だが、いかんせん、この新人女優の味方をする者は、社内には黒木を除いて他にはいない。それゆえ、ついには、黒木の知らないところで、片桐は坂上監督の映画『若者たち』を途中で降ろされてしまうのである。

†映画愛

このドラマの多くの人物は、坂上のように自己利益や保身を第一に、周囲の者たちの考えを推し量りながら、己の言動を変化させていく。そうした人間たちは、良く言えば協調性を持って集団に適合できる者たちであり、悪く言えば、自分の信念を持たず、簡単に周囲の意見に流されてしまう自家撞着な者たちである。

他方で、周囲に翻弄されない、己の確固たる考えを貫く人物が、黒木であり、片桐奈美だったりするのだが、もう一人、注目しておきたい人物が、奈美の父親で森繁久彌演じる片桐飄声《ひょうせい》である。

黒木が海外視察を終え帰国した大宝映画の常務を出迎え、そこで海外でのテレビの影響の深刻さについて聞かされる。その常務は、重役連中のなかで唯一、黒木の支持者であり、彼の取り組もうとしている合理化を応援する。

この常務との会話を終えた黒木に飄声が声を掛ける。彼は、娘の奈美が『若者たち』の主演に抜擢されたことに感謝を述べながら、彼女を継続的にサポートしてくれるよう、黒木にお願いする（この時点では、まだ奈美は主演映画を降ろされていない）。

くわえて、飄声のことにも話がおよび、彼もまた生粋の映画人であることが明かされる。といっても、彼は黒木のように、映画を生み出す側の人間ではなく、映画を上映するさいに必要とされた人間であった。

すなわち、彼は映画がまだ音声を持たなかった無声映画時代の上映時、スクリーンのそばで話の筋や、人物のセリフを喋る活動弁士を生業にしていた。有名な弁士ならば、ちょっとしたスターよりも人気で、給料も高かった。

飄声も高給取りで人気弁士だったようだが、けれども、映像に音声が加わった、いわゆるトーキー映画が主流になっていく一九三〇年代に、もはや弁士は必要とされなくなり、彼は無念にも失職してしまう。それでも、彼は映画への思いを断ち切ることができず、以後、映画上映の前に映し出されるスライド広告の注文をとってくる営業をして映画の世界になんとかかかわってきた。

いままさに、テレビという新しい映像メディアの台頭で、映画界が対応を迫られている。飄声自身にとっては、テレビではなく、トーキーという映画産業内部の技術革新が問題だったわけで、トーキー化の波にのまれながらも映画への一途な思いを彼は貫き通してきた。映画の未来を信じるという気持ちは、あるいは黒木よりも、このドラマのどの登場人物よりも飄声の方が強く感じられる。そのことがよくわかるのが、次に二人が会う場面である。

二人は場末の小さな映画館で再会する。飄声が、「私は生涯、映画の妄執からは抜け出せないようです」と自嘲気味に漏らすと、黒木は「映画というものが無くなれば、そこから抜け出せますね」と返すのだが、飄声は、その突飛な考えに「ご冗談を、あんた」と一笑に付す。黒木は、その真意として、無声映画がトーキーに駆逐されたように、今度はテレビが映画自体を衰退に導くというもので、それにも飄声は、テレビへの嫌悪感を示しながら、映画はテレビには負けないと断言する。

黒木ももちろん、映画の魅力をじゅうぶんに理解している。けれども、周囲の映画人の思考を変えない限り映画に未来はないと考える。彼は社内で、どれだけ問題を指摘し、改革を促しても、賛同者を得られず、孤立してしまっている。黒木の発言には、そうした鬱憤もあったのだろう。

だが飄声の考えは違う。彼は映画を本当に愛する者がいる限り、映画はなくならないと断言し、最後に「あなたと私。この二人が生きている限り、映画は絶対に不滅です」と言って立ち去るのである。

果たして、飄声の言うように、黒木も映画をどこまでも信じ、愛していくことができるのか。飄声はトーキー映画の出現で弁士の職を失うことになったが、それでも、映画の世界にすがりついてきた。

一方で、黒木は、テレビの脅威を受けて、それにどう対応し、映画とどこまで向き合っていけるのか。ドラマ後半は、存在感をさらに増していくテレビ産業を注視しながら、黒木がいよいよ、本格的に社内の改革を目指して果敢にアクションを起こしていくさまを描き出していく。

第七章　テレビという怪物――『マンモスタワー』考(二)

†二本立ての強行

巨大化していくテレビ産業。その象徴として屹立する完成間近の東京タワーは、前章で述べたようにドラマ冒頭から、印象的に映し出される。大宝映画の重役たちが集まって会議する場面では、部屋の窓を通して、背景でタワーが映し出されていたが、それはあたかも、迫り来るテレビの脅威を示唆しているようでもあった。

再び、重役たちが集まる会議の場面がドラマ冒頭と同じ一室で描かれる。その場面、腕組みをした黒木が苦い顔をしているその背後に、東京タワーがはっきりと映し出される〈ツー・ショット〉から始まると、黒木の表情がなぜそんなに曇っているかが会議の内容から明らかにされていく。

ここで議題になっているのが、「積極的なテレビ対策」という名目で東洋映画がはじめた〈新作二本立て配給〉に対して、会社はどう対応するかということである。東洋映画というのは、大手映画会社の東映のことであろう。

現実には、第四章で詳しく紹介したように、東映は、従来から二本立てで興行をおこなってきた映画館に、一九五四年一月から二本の新作映画を配給するようになり、東映作品だけを上映してもらう映画館を増やしていった。東映作品を専門に上映するいわゆる東映専門館の数がそれにより劇的に増加していった。そこでは、テレビ対策というよりも、自社の専門館を増やし、同業他社との市場競争で優位に立とうとする施策としての意味合いの方が強かった。

業績を伸ばす東映に対して他社も対抗して二本立て配給を始めたのが一九五六年一月のこと。けれども、製作費は膨らみ、他方で、思ったように収益はあがらず、収支のバランスが崩れていく。くわえて、製作現場では肉体的、精神的な負担が大きくのしかかり、作品の質が低下しているという問題点も指摘された。こうした二本立てによるデメリットの部分に頭を抱えた映画会社は、一本立て配給へと順次回帰していった。

しかしながら、配給収入で業界一位となった東映だけが、二本立てを継続し、かつ業績も上昇し続けたことから、他の大手映画会社は一九五八年九月から再び二本立てを開始するようになる。二本立ての再始動はドラマ放送の二ヶ月前のことであり、この「質より量」を重視したような施策は、当時の映画界の迷走ぶりを表す、最新かつもっとも顕著な出来事であったと言える。

ドラマの重役会議においても、現実をなぞるように、社長以下重役たちは、東洋映画や他の映画会社への対抗上やむなしと、新作二本立て配給を実施する方向で話を進めていく。重役の一人が、「下手な鉄砲も数撃ちゃ当たる」と発言し、周囲もうなずくが、それはまさに質が悪くなろうとも、量で勝負していくという意志の表れと捉えられる。

当然のように二本立て製作を敢行しようとする重役たちの姿勢に対して、やはり黙っていられなかったのが、製作本部長の黒木である。彼らの話をじっと腕組みしながら聞いていた黒木は、意見を求められると、堰を切ったように反対意見を並べていく。「これ以上現場を酷使することは無茶である」、「二本立てということになれば、人手は足りない、機械は足りない。無理にやっても結果は目に見えている」、「そういうことになれば映画の信用というものはなくなる」と、彼は「質より量」の製作方針に徹底した異議を唱えるのである。

しかしながら、周囲の反応は良くない。彼は、重役のなかで、自分のやろうとする改革を唯一支持してくれていた常務（前章で紹介した、海外視察をおこない海外でのテレビの影響の深刻さを黒木に伝えていた人物）に見解を求めるが、常務は「恐るべき泥仕合だ。しかしこうなった以上、仕方ないだろう」と言い、なかば突き放されてしまう。

もはや、二本立てを止めるすべはなくなった。そう観念したように、黒木は冒頭と同じく、一人その場から退席するのである。

かくして強行されるようになった二本立てだが、どうもじっさいに映画が上映される現場での評判は良くない。黒木が訪ねた映画館の館主は、粗悪な映画がつくられるだけだと二本立てを批判し、映画館の前にいた三人の若者たちは立て看板に示された二本立ての上映作品を見て、代わり映えしないものだと興味を示さず「喫茶店でテレビの拳闘を見よう」と素通りしてしまう。

二本立てに期待するのは映画をつくる製作サイドだけで、映画を見る／見せる側は、それを評価せず、やはり作品の質的低下というネガティブな印象すら持ってしまっている。黒木の予想通りというところだ。

前章で言及したドラマ冒頭の重役会議で、大宝映画の大友社長は「テレビ恐るるに足らず」、「テレビ番組の愚劣さ」とテレビ番組を軽視し、映画についてはカラーで大画面になったことを誇っていた。だが、じっさいには映画はテレビに客を取られるという事態に陥っている。映画産業はカラーとワイド化でテレビにはない魅力を打ち出したはずだったが、テレビと比較しておもしろいコンテンツを提供できているかどうかは別の問題だった。

こうして、映画人たちの自家撞着な言動とともに、映画の迷走ぶりが強調されている。それでは、映画の競争相手であるテレビの世界がどう描かれているのかを見ておこう。

†テレビドラマ制作の難しさ

マスコミとしてのテレビの勢いは、既述の通り、東京タワーがことさら強調されることで印象付けられてきた。他にも、黒木たちが映画の打ち合わせをしている旅館では従業員たちがテレビに夢中になり、映画館の前にいた若者たちは映画を見ずに、テレビを見るために喫茶店にいくなど、巷でのテレビ人気が伝えられてきた。常に、映画の周辺にテレビが存在し、テレビの勢いが映画にプレッシャーをかけているように描かれてきたのである。

黒木にとっても、テレビとの接点は身近にあった。彼の妻（岩崎加根子）の弟、つまり義理の弟である斎田浩（滝田祐介）は、現代テレビというテレビ局のディレクターなのである。彼は映画監督を志望していたが、黒木の勧めもあって、まずはテレビの世界で経験を積むことから始める。

物語序盤で、黒木からテレビの仕事について聞かれた斎田は、「忙しすぎてダメですね。僕より一年先に入った連中なんか、みんな目をやられてましてね。慢性結膜炎なんですよ。僕もいずれやられるんだろうけれど、そんな苦労をしたって、テレビってやつはあっという間に消えてしまうんですね。テレビで後世に残るような仕事はできませんよ」と告白し、「黒木さん、僕はやっぱり映画の方がいいですよ」と訴える。

この場面、斎田はテレビドラマ制作への不満を口にしている。タフな仕事で健康を害するケースも多く見られるなかで、それで生み出されたドラマは、放送されてしまえば、忘れ去られてしまう運命であった。

第三章で詳しく述べたように、一九五〇年代のテレビドラマの多くが生放送で提供されてきた。それゆえ、この『マンモスタワー』のように生放送であるにもかかわらず、当時高価だったVTRで偶然にも録画されていたケースなど、いくつかの例外をのぞいて、ドラマは放送されれば、もう二度と見ることができないのが普通だったのである。

つまり、斎田のテレビドラマ制作への不満は、生放送という放送形態に大きな原因があると言えるのだが、おもしろいのは、そうして彼が黒木と会話しているこの場面で、このドラマ自体が生放送ゆえの問題点を図らずも露呈させてしまっていることである。どういうことか。

前述の斎田のセリフの直前に黒木との間で交わされた会話がポイントである。彼は黒木に、姉のこと、つまり黒木の妻を大事にして欲しいと頼む。なにしろ黒木は、妻と結婚記念日を祝うはずだったのが、突然仕事の打ち合わせが入りドタキャンしてしまうなど、家庭よりも仕事を優先してしまう人間であった。そういう状況を見かねた斎田は黒木に、姉を大事にして欲しいと頼むのである。

黒木はそれに対して、妻のことを愛していると述べ、姉のことを心配している斎田に、「安心したまえ」と安心させる言葉をかける、つもりだったはずだ。だが、じっさいに黒木が発したのは、「安心したまえ」ではなく、「心配したまえ」と真逆の意味の言葉だった。そう、それは黒木というより、演じている森雅之の単純な言い間違いであるのだが、生放送でなければ確実に撮り直されているセリフである。

このドラマはVTRで事前に収録されている箇所もあるが、大部分が生放送であり、この場面も残されている台本を確認する限り、生で撮られていた。生ゆえの、リテイクが許されない状況で、森雅之は明らかにセリフを間違ってしまった。それに対して、斎田を演じている滝田祐介は反応できず、聞き流すように処理し、不自然な会話の間を生んでしまっている。このあと森（＝黒木）は、取り繕うような形で話題を変え、シナリオ通りに、テレビの仕事のことを斎田に尋ねて、前述の回答を導く。

こうして、明らかなセリフの言い間違いで、不自然な会話のやり取りとなっても、生放送ゆえに、問題の箇所はそのまま放送されてしまった。そうしたことは撮り直し可能な映画ではあり得ないことである。映像作品として看過できないNGテイクがあったとしても、生ドラマのように撮り直しができない状況では、そのまま放送されるより仕方がなかった。

ここではセリフ間違いの「心配したまえ」が、映像作品としての不十分さにつながっているわけだが、ただ、おもしろいのは、それが完全にネガティブな効果を生んでいるわけではないことである。その不十分さは、ドラマの文脈に沿って見ていくと、違った効果を発揮している。

というのも、セリフミスによってもたらされたドラマ作品としての不十分さが、直後の斎田の言葉、「テレビで後世に残るような仕事はできませんよ」、「やっぱり映画の方がいいですよ」に妙な説得力を、図らずも、もたらすことになっているのである。まるで、セリフの言い間違いがそのまま放送されたことへの反応でもあるように（じっさいにはそうではなくシナリオ通りのセリフだが)、「テレビで後世に残るような仕事はできませんよ」とさえ聞こえてしまう。すなわち、この斎田の言葉は、森雅之(=黒木)が犯してしまったセリフミスのNGを、そのまま放送せざるを得ない当時のテレビドラマの限界について、偶然にもメタ的に言い得たものにもなっているのだ。

映画ではこれまで名演技を披露し名優と称えられてきた森雅之だが、テレビの生放送はやはり勝手が違ったようで、セリフ間違いやたどたどしい話し方が見られる。もっとも、それは森に限ったことではない。他の大部分の出演者たちにも言えることで、生放送でドラマの制作環境に慣れていないなかでの役者の演技の難しさがうかがい知れる。

†テレビと映画の対比

斎田は、テレビの仕事にいくらか不満を述べ、映画への憧れを口にしていた。その一方で、彼には現状を楽しんでいる様子も見られる。テレビドラマの現場は躍動感があり、人間関係もいい意味でドライなので、働いていて気持ちがいいと、斎田は黒木に明かす。

じっさい、斎田が最初に登場する場面では、彼の職場である現代テレビ演出部が映し出されるが、そこでは、人びとが慌ただしく仕事の対応に追われながらも、元気な声が飛び交い、活気あふれる様子が描かれている。忙しい状況でも、斎田の上司の呼びかけで、麻雀が企画されるなど、よく働き、よく遊びというエネルギッシュな日常を彼らが送っていることがうかがえる。

このあとのドラマのなかでも、現代テレビで働く者たちは、せわしなく動き回り、会話のテンポも早く、いかにも忙しい職場の環境を想像させる。斎田は、いつしか、その多忙なテレビの世界に取り込まれたかのようにすっかり順応をみせ、黒木の誘いにも応じなくなっていく。

こうして、テレビの世界がいかにも慌ただしくエネルギッシュに描かれている一方で、映画の世界はどうかと言うと、そこに残念ながらエネルギッシュな光景が映し出されることはない。黒木のいる大宝映画では、長年の仕事のやり方や人間関係のしがらみが引き継がれていて、当初からどうもマンネリ感や閉塞感が、経営陣にも製作現場のスタッフたちにも広がっている。

おまけに、経営陣が強硬に推し進めた新作二本立てによって、製作現場にはさらに重たい空気が立ち込める。スタッフたちはテレビの世界とは違い、すっかり疲弊しながら仕事を進め、脚本ができあがってこないことへの諦めも口にする。

このようにテレビ（現代テレビ）と映画（大宝映画）の世界は、明らかに異なる雰囲気を醸し出している。第五章でも述べた通り、このドラマで、俳優たちは自分の役が、テレビか映画か、どちらの業界に属するかで演技の仕方にも違いが求められた。その演技スタイルの違いも関係してか、斎田のいる現代テレビについては、一様にエネルギッシュで、活気あふれるものに映り、黒木のいる大宝映画には、どこか停滞感の漂う活力のない印象を与えている。

黒木は、そのどんよりした社内の空気感のなかで、前章で見たように、助監督だった坂上のシナリオを彼の監督で映画化し、それに新人女優の片桐奈美を主演に抜擢するなど、若い力を活用して新鮮な風を社内にもたらそうとした。だが、期待通りにはいかなかった。坂上は自己利益や保身ばかりを気にする社内の人間たちの考え方に染まっていき、片桐はそうした人間たちとあいいれることができなかったため排除され、ついには、主演映画から外されてしまったのである。

ただ、片桐のこの話には続きがある。彼女はそのまま映画の世界を離れ、顔見知りだった斎田の助力を得て、テレビの世界に転身するのである。映画界に行きたいと願っていた斎田が、皮肉にも映画を捨ててテレビに活躍の場を求めてきたこの女優にチャンスを与える。そして、彼女は、そのチャンスをしっかりと摑み、スターになっていく。

結局、片桐のような自由奔放で、自分の思いのままに行動する人物は、因襲にしばられた映画界には適さなかった。だが、テレビの世界には、彼女を認め、スターへと導く土壌があった。そのテレビの世界で、彼女の活躍を支えてスターに導いた斎田も、テレビディレクターとしての風格を十分に備えていき、映画監督になるという当初の夢はいつしかすっかり後退してしまうのである。

なるほど、このドラマは、巨大な東京タワーの映像とともにマスコミとしてのテレビの怪物性を暗示するような字幕を添えて開始された。そのことを思い返せば、こうして新時代を担う若者たちが映画から遠ざかり、テレビに取り込まれていくことが、〈怪物〉という比喩でもって語られるテレビ産業が、より強力に、巨大化していくことを示唆していると言えよう。

†黒木のテレビ出演

ただ、『マンモスタワー』が真にテレビの怪物的な力を見せつけるのは、このドラマの主人公がそれに接触したときだ。言わずもがな、その人物は、大宝映画の製作を指揮する黒木俊介である。

彼は片桐奈美のように映画界を棄てて、テレビに近づくわけではない。主人公が映画からテレビの世界に転身するほどのストーリーの飛躍は、ここでは起こらない。しかし、黒木がテレビ出演を果たす後述の場面は、やはりこのドラマで大きな分岐点であり、ハイライトになっている。

黒木のテレビ出演は、われわれドラマの視聴者に驚きを与えるが、同時に、ドラマのなかの人物たち、とりわけ大宝映画の社長など重要人物たちにも大きな衝撃を与える。彼らは、事前に知らされないままテレビで黒木の姿を目撃することになる。

この一連の場面、テレビ番組に出て話をする黒木と、その情景を職場のテレビで視聴することになる社長たちとが交互に切り替わるように編集され提示される。このように、異なる複数の場面が交互に映し出されていく、いわゆるクロスカッティング（並行編集）という技法によって、黒木と、会社の人間たちとの間の緊張感が高まっていく。

黒木のテレビ出演の直前の場面、彼は目をかけていた片桐が会社を辞め、テレビの世界に移ったことを撮影所長（金子信雄）に聞かされる。じつのところ、この所長を含む重役たちがなかば彼女を追い出したのだが、それを黒木は知らされてはいない。黒木は片桐に限らず、映画界には若い力が必要と、積極的な若手の監督起用を画策するが、それにも所長はいい顔をしない。黒木の想定している若手が現場経験の浅い者たちで、長年助監督を務めてきた連中が、不満を抱くからだ。

とにかく、黒木は会社や映画界のことを思っておこなおうとしていることを、ことごとく会社の人間たちの反対に遭い邪魔されてしまう。いかにも黒木の不満が募るなか、場面が替わって映し出されるのが、彼が気にしていた片桐奈美である。

彼女は、現代テレビの控え室で髪をセットしてくれているスタッフと談笑しながら、映画界への悪口を連ねている。と、そこへ、ドアを開けて黒木が入ってくる。黒木は、片桐と一緒の番組に出演するわけではなく対談番組に出ることを明かすが、ここでの会話でテレビの世界に満足する彼女の様子を見て、納得の表情を浮かべる。

画面が替わり、今度は大宝映画の社内の様子が映し出されると、所長が懸念していた通り、製作スタッフたちが、まだ経験の浅い若手を起用しようとする黒木にこぞって批判を向ける。片桐が嫌ったある種の序列を重んじる映画界の因襲的な人間関係に対して、黒木は序列にとらわれない、若手でも才能があるならば起用しようとするが、序列のなかで生きてきた者たちは、そのやり方を認めようとしない。彼らはまさか、黒木がこれからテレビに出るなんてことは、つゆほどにも思っていないわけで、それゆえ、このときまでは、陰で黒木を非難していれば、それですんでいた。

その状況が一変するのが、テレビ画面のなかに映し出された黒木を見たときだ。黒木がテレビに出演していることを知らされた大宝映画の社長以下、重役や製作スタッフたちは、テレビのそばに集まる。黒木が果たして、何を話すのか。そこで、いままさに、黒木が現代テレビのスタジオで話をしている場面へと映像がカットされ切り替わる。

クロースアップで捉えられた黒木は、インタビュアーからの質問に答えるかたちで、映画界の現状について話をする（図7）。彼は、映画界の古い因襲を痛烈に批判し、このままでは、テレビに負けてしまうと主張する。因襲を取っ払い、合理化を徹底的におこなうことは、普段から黒木が会社に求めていたことであったが、残念ながら会社にはわかってもらえず、あろうことか、テレビでその不満を語ってしまうのである。インタビュアーは、それに当然のように反応して、「それでは、映画の敵はテレビではなく、むしろ映画人の古い頭になるのですか」と切り込んで質問する。

黒木は「そういうことになりますね」とキッパリと返答し、問題の所在を外部のテレビではなく、映画内部に認める。続けて彼は、二本立ての批判とともに、それを強行した罪

図7

を会社の上層部に求め、反省を促すのである。話が進むにつれ過激な内容になり、ついに黒木は、自社の「古い頭」の経営陣に牙を剝くように批判を展開するのである。

もう、ここまで来ると後戻りはできない。ついさっき、会社の一室で、大宝映画の人間たちが黒木を批判していたのとは訳が違う。会社のことを黒木が批判した内容は、テレビがマスコミとしての機能を発揮するように電波に乗せて、それを視聴する多くの者たちに伝播していくのである。

視聴者のなかには、当然、大宝映画の者たちもいる。次のショットで、テレビを見ている経営陣や製作スタッフたちの様子が映し出されると、予想通り、そこの誰もが憤りをあらわにす

図8

る（図8）。

だがそれでも、スタジオの黒木の会社批判が止むことはない。昔ながらの勘を頼りにした映画づくりではなく、合理的なやり方をしていかなければならないと、製作スタッフへの侮辱ともとれる発言が生放送され、もはや彼自身が、テレビの伝播力を使って批判をまくし立てるモンスターと化している。もちろん、それを見ていた会社の人間たちは大激怒で、次には社長が、何か意を決したような厳しい表情を浮かべ、部屋を出ていってしまう。

黒木は、皮肉にも、ライバル産業であるテレビの番組に出て、暴走的に意見を述べたことで、会社との間に決定的な軋轢を生んでしまった。問題は、黒木がテレビに出たことよりも、マスコミとしてのテレビの持つ巨大な怪物的な力に任せて、会社批判を展開したことに他ならない。

彼の発言は、テレビの電波に乗せられ、多くの者たちが視聴することとなった。それは、会社の人間たちが、部屋の一室で、黒木を批判していたのと比べものにならない大きなインパクトを持った行為であり、それゆえ、のちに黒木にその反動、反発が返ってくるのは疑いようもなかった。

†ドラマのハイライト

主人公が、所属する会社組織に喧嘩を売りつけるこの場面は、ストーリーの展開上、ハイライトとなっている。それにクロスカッティングという編集技法が花を添え、黒木と大宝映画首脳陣との対立をより鮮明なものにしていった。

第五章で確認したように、このドラマの脚本を書いた白坂依志夫は、ドラマ放送の一九五八年に、大映映画『巨人と玩具』のシナリオをすでに書いており、会社という組織と個人の関係に注目した話をつくり上げていた。その映画では、会社組織やマスコミという巨人に押しつぶされたり、呑み込まれたりしていく何名かのそれぞれのパターンが印象的であり、巨人に立ち向かうような勇敢な、あるいは無謀な姿勢は見られない。

それに対して、テレビドラマ『マンモスタワー』では、個人は組織から圧力をかけられつつも、一方的に押しつぶされてしまうだけの存在ではない。その個人、つまり黒木は、期待していた人間たちが相次いで離れていき、文字通り孤立した状態になって、会社組織に対してずっと抱いていた不満を大々的にぶちまけ、反抗するのである。

さらに、そのぶちまけ方が、テレビを通しておこなわれていることは、注目すべき点である。このドラマは、映画とテレビの対立を軸に話が展開するが、映画会社の製作本部長というポジションにある男が、テレビで映画界のこと、自分の会社のことを批判することは、そもそもの両メディアの対立関係的図式をある意味で転覆させる行為になっている。

じっさい、黒木は、対談のなかで「映画の敵はテレビではなく、映画人の古い頭」という意見に完全に同意して、映画界内部の批判を繰り返す。問題は、競争相手のテレビではなく、競争することになった映画界の方にあるのだと。

会社の方針には以前から異議を唱え、改革を訴えていたが、それが上層部にはわかってもらえず、映画のライバルとして浮上してきたテレビを利用する形で、まさに毒をもって毒を制すようにして、黒木は改革の必要性を強調したのである。だが、このテレビの利用の仕方は、当然ながらさらなる反感、反発を呼び、黒木と会社との軋轢は修復し難いものとなった。

じつに黒木は、テレビで映画界のこと、会社のことを批判したばかりか、そのあと、テレビ業界への批判も展開する。彼はテレビドラマを「お粗末な即席料理」と表現し、時間も経費もかけないというドラマ制作の姿勢に対して、「期待は持っていない」と歯に衣着せぬ言い回しで苦言を呈する。

さらに饒舌に話を続ける黒木は、夫婦のプライベートな会話まで持ち出して、仕事を家に持ち込んでしまう状況に対して、妻から「家庭は私にとって事務所に過ぎない」と言われたことを苦笑いしながら語る。前述の通り、黒木は、結婚記念日に突然の仕事でドタキャンするなど、義弟の斎田からも心配されるほど、家庭を顧みないで仕事を続けてきた。心配する斎田に、黒木というか、その役を演じている森雅之が、妻を愛している「安心したまえ」というところ、「心配したまえ」と真逆の意味のセリフを発してしまったことも紹介した。

ただ、このあと、この「心配したまえ」という言い間違いのセリフが、皮肉にも黒木自身に向けられるような事態になる。黒木の一連の放言を、妻は不気味な笑みを浮かべながらテレビで視聴していた。すると、ある日黒木が帰宅したときには、妻の姿がなく、代わりに手紙で別れを告げられてしまう。「マスコミとは全然縁のない男を見つける」と記され、末筆には「一人で戦争したって勝てっこない」と彼が孤立無援の状態で、テレビを通して会社に戦争を仕掛けたことへの苦言が述べられていた。

彼女のこの指摘は正確であり、黒木は製作本部長を外され左遷されてしまう。この処分は、テレビを見ていた社長をはじめとする会社の重役たち、製作スタッフたちの反応からもじゅうぶんに予想できた。会社の体質はなにも変わらず、ただテレビで放言を繰り返した黒木が処分に遭い、さらには、家庭も失ってしまうのである。

彼はテレビ電波を使って映画界や会社の体質を変えようと意見したが、残念ながらその過激な内容は、どこかテレビの大きな力に取り憑かれ冷静な判断を欠いているものであった。あるいは、黒木はテレビというマスコミを利用できずに、逆にそのマスコミに呑み込まれて自分を見失ったとも言える。

すなわち、この黒木のテレビ出演がドラマのハイライトとなるのは、みずからが身を置く映画会社の改革に立ち向かうも、弾かれてしまったという彼を主人公とした物語の大きな分岐点にあたるという理由だけではない。このドラマが当初から叫んでいたマスコミの怪物性が、いよいよ主人公に降りかかり、圧倒的な存在感を見せつけた場面であったとも言えるからである。

†機械と人間

黒木の改革は失敗し、彼は辞令を受けてマスコミがひしめく東京から離れることになった。ドラマが終わりを迎えようとしている。黒木は東京を離れる前に、現代テレビに義弟の斎田を訪ね、妻の居所など情報を聞き出そうとするのだが、斎田自身もわからない。斎田は黒木の応対をしながらも、仕事が忙しくてなかなか落ち着かない。彼はすっかりテレビでスターになった片桐奈美の番組を担当する敏腕ディレクターであり、もうすぐ本番を控え、その準備に追われている状況であった。

「奈美を弾き出すような映画界に、僕はまったく興味がないな。テレビの方がまだマシですよ」と語る斎田には、かつてのように映画界への憧れはもはやない。ただ、彼の感情を排した口ぶりと仕事を淡々と流れ作業のようにこなしていく様子に、黒木はため息をつきながら、「変わったね、君は」と漏らす。

それに斎田は即座に反応し、「機械になったでしょう。それも極めて優秀な」と誇らしげに言ってみせる。第五章で紹介したが、このセリフを考えた脚本家の白坂依志夫は、同じく脚本を手がけた映画『巨人と玩具』でも、テレビの世界にどっぷり浸かって、てきぱき仕事をこなすプロデューサーを登場させ、「機械」と表現してみせる。白坂は、同じ一九五八年の作品『巨人と玩具』と『マンモスタワー』において、仕事ができるものの、どこか人間性を欠いた機械的なテレビ業界人を登場させ、テレビ産業の急速な発展を印象づけながらも、そこに潜む問題や違和感のようなものを提示するのである。

当時のテレビ業界人の仕事と生活にかかわる調査が、一九五八年一二月七日付夕刊の『朝日新聞』に載っている。「「テレビ病」に悩む放送マン」と題したその記事では、調査対象の四四パーセントのテレビ関係者が睡眠・食事の不規則から「仕事でいらいらすることが多い」と回答していると紹介されていた。肉体的、精神的にハードな仕事であったことは想像に難くない。

片桐奈美がスタジオで生放送の番組に出演し、ダンサーを引き連れて中央で華麗な踊りを披露している。その様子を、先ほどまで斎田と話していた黒木と彼女の父親である片桐飄声が見つめている。本番が終わって、飄声が奈美に帰ろうと誘うも、彼女はまだ仕事があり、次の現場に行ってしまう。本番までの活気あるテレビ局の状況が一転、本番を終えて、スタジオに残された黒木と飄声の周りでは、さっさとセットが片付けられていき、いつしか暗くて広い空虚な空間だけが広がる。

飄声が「愛情もなく、余韻もない」と断じたそのスタジオの空虚な空間は、映画界に生きてきた二人にとっては、いろいろと装飾され華やかに見えるテレビの世界の本来の姿と映ったのかもしれない。二人はあらためて映画の未来を信じ、これからも映画界で生きていくことを確かめ合うのである。

†エピローグ

テレビスタジオの場面から画面が切り替わって、このドラマの最後のシーンに移る。カメラは、地面に落ちていた木の葉が風で舞う、師走のいかにも寒々とした空気感を伝えるなか、そこにフレームインしてきた人物の足元を収める。歩みを進める人物の全身を、カメラは背後から捉えると、その人物の肩越しに、完成を目前に控えた東京タワーを映し出す。

このドラマが『マンモスタワー』というタイトルであり、東京タワーから始まったことを考えれば、東京タワーで締めくくるのも自然な流れである。冒頭では、その東京タワーを観光バスの乗客たちが一様に、まるで怪物に遭遇したかのように強張った表情で見上げていた。

それに対して、ラストシーンで東京タワーを見上げる人物はただ一人である。その人物とは、やはり黒木俊介をおいて他にはいない。彼は、映画会社の製作本部長という立場で、迫り来るテレビの脅威に対抗すべく、製作の合理化を図るなど改革に挑戦してきたが、それが失敗に終わり左遷され、東京を離れることになった。テレビ産業を支持し、東京のシンボルになることが約束されている東京タワーを特別な思いで見つめるのは、以上の因縁からして黒木しかあり得ないのである。

人物の後ろ姿の全身を捉えたショットから画面が切り替わると、カメラはここではっきりと黒木と特定できるように正面からクロースアップで顔を映し出す。その顔のアップは、これまでのどの人物の顔のアップよりも大きく、黒木の力強い目を印象的に提示してみせる。その目が見据える先には、当然、東京タワーがある。

ショットが切り返され、カメラは東京タワーを捉え、「マスコミ　この巨大な　つかまえ所のない　怪物」とドラマ冒頭で出てきた字幕が再び浮かび上がり、このドラマは幕を閉じる。最後に浮かび上がった字幕は、まるで黒木の心のうちを表したかのようである。

クローズアップで大きく捉えられた彼の力強い目が物語るように、彼は東京タワーをしっかりと見つめ、比喩的にはタワーが支持するマスコミ、あるいはその代表格であるテレビ産業と向き合ってきた。それを踏まえて、会社組織の因襲的な体質を改善しようと改革を試みたが、組織の人間たちにはわかってもらえなかった。なにしろ、彼らは黒木と違い、東京タワーを現実にも比喩的にも直視することなく、テレビを軽視するばかりで、ましてや自分たちの活動を反省して改善しようということなどまったく頭に浮かばなかった。

黒木が見つめていたマンモスタワー、すなわち東京タワーが完成する一ヶ月後には、彼の姿は東京にはない。そして、タワーの完成で、テレビ産業はより安定し、発展することは間違いない。黒木のいなくなった大宝映画の重役たちがつどう会議の場で、彼らは、そのときはっきりと後悔することになる。黒木が指摘したさまざまな問題をしっかりと検討しておけば良かったと。

現実にも、このドラマ放送の一九五八年一一月のあと、映画産業はテレビの急速な発展に押されるように、衰退へと向かう。そのときに、なぜ映画は斜陽を迎えたのか、何が問題だったのかが各方面で活発に議論された。それまでの好調な状態のときに、より危機感を持ってこれからを見つめて対応していくことが必要だったのかもしれない。そう、黒木のような存在が、もっと現実にも必要としたのである。

終章　変わりゆく映画、テレビ、そして東京タワー

†『マンモスタワー』の反響

テレビ番組制作会社の草分けであるテレビマンユニオンを興した村木良彦は、一九五九年にKRTに入社し、テレビ人としてのキャリアをスタートさせた。彼はNHKにも合格していたが、最終的にはKRTを選んだ。その選択には、前年にKRTから放送された『私は貝になりたい』、そして『マンモスタワー』が関係していた。村木は、これらのドラマを見て心を動かされ、NHKではなくKRTに決めたのである。

とりわけ、彼が衝撃を受けたのは、初期テレビドラマの象徴と言える『私は貝になりたい』ではなくて、『マンモスタワー』の方であった。村木とKRT同期入社で、テレビマンユニオンをともに設立した今野勉が、自著『テレビの青春』でそのことを明かしている。

同書で、今野は何度も「映画とテレビの対立を描いた」作品として『マンモスタワー』

の話題を出しては、このなかば忘れられたドラマに光を当てている。今野のその本から、彼や村木などテレビ産業を初期から支えてきたテレビ人たちにとって、『マンモスタワー』がいかに重要なドラマであったかが伝わってくる。

それでは一方で、このドラマに対する映画人たちの反応はどうだったか。それについては『マンモスタワー』をつくった人物の経験談を参照しておきたい。

演出家・石川甫はドラマの放送後はもちろん、制作中からすでに、圧力を感じていたと語っている（石川「社会問題劇」、一八三頁）。主に映画関係者から、「テレビは映画をなめている」、「映画は決してテレビなどにくわれはしない、思いあがったまねをするな」といった厳しい声が寄せられ、また、ある批評家からは映画をあざ笑っていることへの批判があったという。

石川にしてみれば、そうした見方は誤解だった。映画をあざ笑うような気持ちは毛頭なく、確かに映画とテレビの対立的な関係に注目したものの、だからと言って、映画がテレビにくわれてしまうという、完全な敗北を想像させる状況を描いたつもりはない、というのが彼の心情であった。

それでも、映画人たちのなかには、映画が見下されていると感じ、強い反感を持つ者もいたということだ。『マンモスタワー』は、こうして映画界に相応の反響を呼んだ作品でもあったのである。

†森繁久彌の提言

石川によれば、制作段階からすでに映画関係者からの反発もあったという『マンモスタワー』だが、見てきたように、それは映画とテレビの対立を描いたドラマであり、同時に映画会社の旧態依然とした体質や、非合理的なやり方に対して、問題が投げかけられるような話でもあった。そこに一石を投じた劇中の人物が、森雅之演じる大宝映画の製作本部長の黒木であった。黒木としては、自分と同じような考えを持つ映画人が増えることを望み、問題提起したみずからの声が、業界にこだますることを期待していた。けれども、それは叶わず、彼は弾かれてしまった。

しかるに、ドラマのなかで、そうした黒木と共鳴したのが、元活動弁士・片桐飄声であった。もっとも、彼は黒木と違い映画界に批判的な意見を述べることはなく、ひたすら映画愛を語り、映画にみずからの人生を捧げてきた。この生粋の映画人を演じた俳優が、森繁久彌だったわけだが、おもしろいのは、ドラマでは、テレビを拒絶し、完全に映画の行く末を信じきる役を演じながら、現実には、ドラマの黒木のように、森繁は映画界の状況を懸念し、おおやけに意見していたことである。

ドラマの前年、一九五七年の『映画芸術』六月号のなかで、森繁は「六社社長(或、七社社長)さまへ」と題して、大手映画会社が専属俳優をテレビに出演させないことに反対する文を載せている。もはや、テレビは急速に普及しており、その勢いを止めることは難しい。にもかかわらず、映画会社はテレビに歯向かい、専属の俳優を束縛して、テレビへの出演をなかなか許可しようとしない。映画はテレビと対立するのではなく、もっと利用すべきであり、利用しながら、映画の価値を高めるように努力すればいいということであった。ドラマの黒木ほど、過激で辛辣な言い回しではないものの、テレビ出演を認めないという、映画俳優の自由を奪うような映画会社のやり方に対して、不満を持っていることがうかがえる。

森繁は、テレビ放送の初年度からドラマに出演し、すでに『マンモスタワー』までに、多くのドラマに出て、テレビでのキャリアも重ねてきた。映画のみならず、テレビの世界もよく知る彼だからこその提言、つまり、映画はテレビと対立するのではなく、もっと利用すべきであるという指摘は、傾聴に値する。それは、映画を愛するがゆえの提言であり、映画界に完全に浸かりきっているわけではないからこそできた発言でもあるだろう。

すでに説明してきたように、映画会社は、テレビ産業と対立するだけでなく、テレビ事業に乗り出すなど、利用しようとしてきた側面もある。たとえば、森繁がこの提言をおこなった一九五七年に、東映はのちのテレビ朝日である日本教育テレビ（NET）を旺文社と日本短波放送とともに設立し、五九年二月に開局する。松竹・東宝・大映は、文化放送とニッポン放送とともにフジテレビに出資し、NET開局から一ヶ月後の一九五九年三月に開局に導く。さらに映画会社はテレビ向けのフィルム作品（テレビ映画）の製作にも注力し、テレビ事業でも着実に収益を上げていった。

ただ、そうして映画会社はテレビに接近する動きを見せながらも、森繁が雑誌で意見した一九五七年には、すでに自社作品のテレビ局への提供を禁止するなど、テレビを拒絶する動きがより目立っていた。『マンモスタワー』の放送をめぐっても、石川が述べたように、映画関係者から相当な反発があったわけで、そのことからもテレビを敵視する映画界の姿勢の強さが見て取れる。

いずれにしても、映画界はテレビという外的問題と対峙しつつ、『マンモスタワー』で描かれた二本立てや森繁が批判した俳優の束縛など、業界内部にさまざまな問題を抱えていた。それでも、映画館につめかける大衆の支持によって、この業界は、曲がりなりにも黄金期を謳歌することができていた。

けれども、『マンモスタワー』放送の翌年から、映画の観客数が減少に向かうことで状況は一変する。映画産業はまるでドラマが予見したような、停滞ムードを漂わせていく。そして、一九六一年には、大手映画六社のひとつ、新東宝が倒産し、いよいよ映画産業の斜陽が自明のものとなってしまうのである。

†新東宝の倒産とその余波

新東宝の倒産は、映画界に大きな衝撃を与えた。ただ、ここで興味深いのは、映画産業の景気が下降していくなかで起こった新東宝の倒産が、皮肉にも映画とテレビの合流を印象付ける、画期的な出来事にもなったということである。

新東宝は経営悪化が深刻となり、従業員への賃金の未払いと、希望退職者への退職金を捻出する必要性に迫られる。そこで、この崩壊寸前の会社は、自社の映画を売却する決断をする。じつに、その主な売却先となったのが、テレビ局であった。

既述の通り、当時は大手映画会社が、テレビへの対抗から自社作品をテレビ局に提供することを禁止しており、その状況下で、もはや他の映画会社と歩調を合わせることが難しくなった新東宝は、自社の旧作をテレビ局に売り渡す決断をする。イレギュラーな形ではあれど、大手の一角であった新東宝の作品がテレビ局の手にこうして渡ったのである。

提供を受けたフジテレビ、そしてラジオ東京（KRT）から社名を変えていた東京放送（TBS）は、早速、それぞれ「奥さま映画劇場」と「お好み映画館」という、週二、三日放送される映画のレギュラー番組を設けた。かつては映画館で見られていた新東宝の作品が、それらの番組で相次いで放映されていったのである。

また、新東宝の経営悪化は、作品だけでなく、人の流出にもつながった。新東宝に所属していた役者たちも、テレビに流れていった。その代表と言えるのが、池内淳子である。彼女は一九六〇年七月よりフジテレビが開始して、そして成功した昼のメロドラマ番組の第一弾『日日の背信』（六〇年九月まで放送）のヒロインに抜擢され、大人気となった。

フジテレビが午後一時から提供したその三〇分のドラマ番組枠は、それまで料理番組やニュース番組、暮らしに役立つ情報番組などで占められていた時間帯に新風を吹かせた。最初のドラマ『日日の背信』は、丹羽文雄が『毎日新聞』で一九五六年五月から五七年三月にかけて連載した同名小説のテレビドラマ化で、男女の不倫（＝背信）劇を描いた作品であった。原作は女性に人気で、フジテレビは、昼間、家にいる主婦層をターゲットに制作した。

フジテレビの狙いは成功し、結果『日日の背信』は最高視聴率二六・二パーセントと昼間の番組では驚異的な数字を記録した（原田『テレビドラマ三〇年』、八六―八七頁）。この成功は、フジテレビが昼下がりの時間帯にメロドラマ番組を継続する動機になったばかりか、他のテレビ局も同時間帯にドラマ番組を放送するようになるきっかけにもなった。『日日の背信』で、不倫をするヒロインを好演した池内淳子は、それまで新東宝ではくすぶっていた状態だったが、テレビで注目を集めるようになり、その後も出演作が続いていく。その状況を映画界は放っておかず、新東宝が機能しなくなってからは、他の映画会社が彼女を使って、映画をつくるようになっていった。新東宝の崩壊は、そこで目立たなかった役者にも光を当てることになったのである。

その後、倒産した新東宝は、製作部門が分社化してＮＡＣ（ニッポン・アートフィルム・カンパニー）となるのだが、この会社についてもテレビとの関連で指摘しておくべきことがある。ＮＡＣはＴＢＳとフジテレビから出資を受け存立し、前身の新東宝とは違って映画製作をおこなわず、テレビ用のフィルム作品であるテレビ映画をつくる会社として活動した。TBSはこの機に乗じて、強化しようとしていた昼のドラマ番組にNAC制作のテレビ映画を放映し、「ドラマのKRT」ならぬ「ドラマのTBS」の推進を図った。

TBSに限らず、NAC制作のテレビ映画は各局のドラマ番組に定着していき、それまで、物理的な制約を多分に受けていた生放送のドラマ番組はすっかり廃れていった。ドラマは、生放送からの脱却で、より自由な環境のもとで制作され量産されるようになっていったのである。

まるで、『マンモスタワー』の映画界に対する不穏な空気が現実の悪夢となって進行した新東宝の倒産は、確かに、映画界にとっては、ショッキングな出来事であった。だが、他方で、それによって、以上のようなテレビ業界との結びつきが生まれ、ドラマ番組や映画番組の充実へとつながっていったことは覚えておきたいことである。

†大宝作品の東京タワー

本書の締めくくりとして、ここで述べてきた新東宝の倒産と、これまでの本書の内容を絡めて、最後に指摘しておきたいことがある。

新東宝はNACとは別に、配給部門を分社化して、後身の会社を生み出した。それは、製作を外部に委ね、配給に特化した会社で、「大宝」株式会社と言った。そう、『マンモスタワー』の「大宝」映画を思い起こさせる会社だ。

もっとも、新東宝の後身のひとつ大宝は、わずか四ヶ月ばかりの活動で終了し、配給した映画も六作品のみと、なかば忘れられた存在となっている。それでも本書の視点を踏まえて、忘れないでおきたいのが、大宝配給の第一作目で一九六一年一一月に公開された『狂熱の果て』（山際永三監督）の冒頭のシーンについてだ。

映画の冒頭、明け方の六本木の街が映し出される。カメラは、手前から奥に長く伸びる車道を低い位置から捉え続ける。人や車の往来のない、その車道の両脇には家々が連なっているのだが、高さはなく、空が開けている。その開かれた空を画面奥で垂直に縦断して見せるのが、東京タワーである。手前から奥に真っ直ぐ伸びた車道の先に東京タワーが位置し、見る者の視線をそこに誘う。

ドラマ『マンモスタワー』の冒頭では、東京タワーは間近で捉えられ、その巨大な鉄塔に、人々が圧倒される様子が描かれていた。その三年後の映画『狂熱の果て』では、同じく冒頭で、今度は遠景で捉えられているのだが、にもかかわらず、そこに観客の視線は伸び、東京タワーの存在をはっきりと認識するように撮影されていた。『狂熱の果て』では

『マンモスタワー』と違い、東京タワーを映し出すことに特別な意味合いはない。ただ『狂熱の果て』の東京タワーは控えめながら、文字通り〈絵になる〉ものとして見る者を引き付ける。

前田久吉の発案から始まって生み出された三三三メートルの東京タワーは、一九五八年一二月に完成し、この年からすでに『マンモスタワー』のように、タワーがモティーフになったり、テーマに深くかかわる作品がいくつも生み出されていった。『マンモスタワー』から三年経過して公開された『狂熱の果て』では、同じく冒頭から東京タワーが映し出されるものの、その後の物語のなかで特別視されることはなかった。タワーは日常に溶け込みながら〈絵になる光景〉として、多少なりとも見る者の印象に残るように配慮されて撮られているだけだ。

以後、生み出されていった東京タワーが映し出される映像作品の多くも、この延長であるだろう。東京タワーは、特別感が薄れつつも、日常的に当然のように存在し、人びとの目を引き付けてきた。〈テレビ〉映像を〈見せる〉という役割を担って誕生した東京タワーは、こうして人びとに〈見られる〉対象として、日常的に不可欠なものとなっていったのである。

引用／参考文献

青地晨『現代の英雄』平凡社、一九五七年
有馬哲夫『日本テレビとCIA――発掘された「正力ファイル」』新潮社、二〇〇六年
有馬哲夫『原発・正力・CIA――機密文書で読む昭和裏面史』新潮社、二〇〇八年
飯田豊『テレビが見世物だったころ――初期テレビジョンの考古学』青弓社、二〇一六年
石川甫「社会問題劇」『現代テレビ講座〈第三巻〉ディレクター・プロデューサー篇』ダヴィッド社、一九六〇年
大川博「テレビ・二本立・直営館」『合同通信映画特信版』一九五六年七月八日
大木豊「審査会始末記」『キネマ旬報』一九五九年一月下旬号
大阪読売新聞社編『百年の大阪　第四巻　商都の繁栄』浪速社、一九六七年
大宅壮一「『産経』の前田久吉とはどんな男か」『丸』一九五二年七月号
大山勝美「技術がひらいたドラマの世界」『放送学研究二七』日本放送出版協会、一九七五年
岡田晋「映画とテレビの分岐点・交流点」『キネマ旬報』一九五九年五月下旬号
岡本愛彦『テレビドラマのすべて――テレビ・テレビ局・テレビドラマ』宝文館出版、一九六四年
片柳忠男『創意の人――正力松太郎』オリオン社出版部、一九六一年
加納守「テレビドラマ演出の生成と発展二」『放送文化』一九六五年八月号
北浦寛之『テレビ成長期の日本映画――メディア間交渉のなかのドラマ』名古屋大学出版会、二〇一八年
北浦寛之「『君の名は』と松竹メロドラマ」『昭和史講義【戦後文化篇】（下）』筑摩書房、二〇二二年

北浦寛之「一九五〇年代の日本映画産業と海外市場へのアプローチ――国家友援を求めた動きとの関連で」『映画産業史の転換点――経営・継承・メディア戦略』森話社、二〇二〇年
経済企画庁編『国民生活白書　昭和三五年版』大蔵省印刷局、一九六一年
小林晋一郎『形態学的怪獣論』朝日ソノラマ、一九九三年
小林豊昌『ゴジラの論理』中経出版、一九九二年
今野勉『テレビの青春』NTT出版、二〇〇九年
佐怒賀三夫『テレビドラマ史――人と映像』日本放送出版協会、一九七八年
佐野眞一『巨怪伝――正力松太郎と影武者たちの一世紀』文藝春秋、一九九四年
鮫島敦『東京タワー50年――戦後日本人の〝熱き思い〟を』日本経済新聞出版、二〇〇八年
志賀信夫『昭和テレビ放送史［上］』早川書房、一九九〇年
柴田秀利『戦後マスコミ回遊記』中央公論社、一九八五年
清水伸『前久外伝――新聞配達から東京タワーへ』誠文図書、一九八二年
総理府統計局『日本の人口――昭和三〇年国勢調査の解説』総理府統計局、一九六〇年
田中純一郎『日本映画発達史Ⅱ』中央公論社、一九七六年
田中眞澄他編『森雅之――知性の愁い、官能の惑わし』フィルムアート社、一九九八年
谷川建司編『映画人が語る　日本映画史の舞台裏［撮影現場編］』森話社、二〇二一年
田山力哉「白坂依志夫　若者的才気とハイミナールと子守歌」『キネマ旬報』一九七六年九月上旬号
通商産業省企業局商務課編『映画産業白書　一九五八年版』大蔵省印刷局、一九五九年
通商産業省企業局商務課編『映画産業白書　一九六二年版』尚文堂出版部、一九六三年
東京放送編『TBS五〇年史』東京放送、二〇〇二年

東京放送社史編集室『東京放送のあゆみ』東京放送、一九六五年
日本テレビ放送網株式会社社史編纂室編『大衆とともに二五年』日本テレビ放送網株式会社、一九七八年
日本テレビ放送網株式会社総務局編『テレビ塔物語――創業の精神を、いま』日本テレビ放送網株式会社、一九八四年
日本放送出版協会編『放送の二〇世紀――ラジオからテレビ、そして多メディアへ』日本放送出版協会、二〇〇二年
日本放送協会放送史編修室編『日本放送史　下巻』日本放送出版協会、一九六五年
日本放送協会放送文化研究所放送学研究室編『放送学研究八』日本放送出版協会、一九六四年
日本放送協会放送文化研究所放送学研究室編『放送学研究九』日本放送出版協会、一九六五年
日本放送協会放送文化研究所放送学研究室編『放送学研究一〇』日本放送出版協会、一九六五年
野坂和馬「或る現実」『テレビドラマ』一九六二年六月号
原田信男『テレビドラマ三〇年』読売新聞社、一九八三年
飛車金八『裸一貫から成功へ』鶴書房、一九五七年
古田尚輝『『鉄腕アトム』の時代――映像産業の攻防』世界思想社、二〇〇九年
毎日新聞社調査部編『ポスト』修道社、一九五五年
前田久吉「機械力と人間」『電波時報』一九五三年三月号
前田久吉『東京タワー物語』東京書房、一九五九年
松尾理也「メディアの革命児　前田久吉」連載（全六二回）『産経ニュース』二〇二二年
松山秀明「ドラマ論――〝お茶の間〟をめぐる葛藤」『放送研究と調査』二〇一三年一二月号
森繁久彌「六社社長（或、七社社長）さまへ」『映画芸術』一九五七年六月号
森田創『紀元二六〇〇年のテレビドラマ――ブラウン管が映した時代の交差点』講談社、二〇一六年
文部省社会教育局芸術課編『芸術祭十五年史』文部省社会教育局芸術課、一九六一年

吉見俊哉『博覧会の政治学――まなざしの近代』中央公論社、一九九二年
読売新聞社社史編纂室編『讀賣新聞八十年史』読売新聞社、一九五五年
和田矩衛「テレビドラマ発達史（二）――NHK放送時代（二）」『月刊民放』一九七六年六月号

『朝日新聞』一九五八年一二月七日付夕刊
「映画になったマスコミ」『キネマ旬報』一九五八年七月上旬号
「劇映画各社のテレビ対策」『映画年鑑　一九五八年版』時事通信社、一九五八年
「スタジオドラマの三〇年」『映画テレビ技術』一九八四年三月号
「テレビ塔合戦に苦悶する河本郵政相」『経済展望』一九六九年九月一日号
「テレビのリズム・映画のリズム」『キネマ旬報』一九五八年四月上旬号
「〝東京タワー〟五つの話題」『週刊サンケイ』一九五八年一一月一六日
『東京タワー一〇年のあゆみ』日本電波塔株式会社、一九六九年
『東京タワーの二〇年』日本電波塔株式会社、一九七七年
「二本立競争と日本映画の信用」『キネマ旬報』一九五八年一一月上旬号
「再び二本立競合の泥合戦へ」『映画年鑑　一九五九年版』時事通信社、一九五九年
『民間放送十年史』日本民間放送連盟、一九六一年
『読売新聞』一九五七年七月二四日付朝刊
『読売新聞』一九五八年三月一〇日付朝刊
「乱立するバベルの塔」『経済往来』一九五七年五月号
「〝私は貝になりたい〟その批評集」『調査情報』一九五八年一一月号

あとがき

私は、二〇二〇年四月に関東に越して来るまで、地元である関西を中心に生活してきた。それゆえ、東京タワーは物理的に遠い存在であり、メディアを通して見てきた対象だった。本書で取り扱った『マンモスタワー』も、完成前の東京タワーが登場するドラマであったが、私が研究者でなければ、見る機会を逃していたドラマかもしれない。

さて、研究者というフィルターを外して、私、あるいは私の家族と東京タワーということでここに記しておきたい。

あれは、二〇〇五年か〇六年のことだった。当時、ベストセラーとなり世間の注目を集めていたリリー・フランキーの自伝的小説『東京タワー——オカンとボクと、時々、オトン』を我が家でも購入して、家族が順番に読んでいた。病魔に襲われた母親と、子である主人公、さらに父親を含む周囲の人間たちとの愛に溢れたやり取りや絆が感動的で、彼らを見守るような存在である東京タワーも印象深かった。

家族はみな、この本を気に入ったが、ただ、それがより特別なものとなったのには理由がる。話の内容と同様のことを、自分たちもすぐ後に経験することになったからである。父の胃がんが発覚して、まさに話通りに、闘病の父と向き合い支えていく、そうした家族の絆が試される事態になったのである。

二〇〇六年に単発ドラマになり、〇七年には連続ドラマ化され、映画にもなっている。それら映像作品を見たが、当時見ていたかは記憶にない。いや、すでにその頃、父の病気がわかり、あえて見ることはしなかったかもしれない。〇七年に父は他界したが、父との最後の思い出を振り返るなかで、この作品のことは自然と思い出される。

それから一三年して、前述の通り関東に越して来たこともあり、東京タワーに行く機会があった。父や母には、私が幼少の頃に一度、東京タワーに連れて行ってもらったことがあるが、そのときのことは残念ながらまったく覚えていない。今度は、新しい家族である妻と二人の娘とともに訪れて、良い思い出を作ることができた。それと同時に、あの本のこと、ドラマのこと、映画のことが、父のこととともに思い返された。

こうした東京タワーをめぐる個人的な話は、程度の違いこそあれ、多くの人が持ち合わせているだろう。もちろん、そのなかでも東京タワーに特別な思い入れがある人は、より雄弁に語ることができるだろうし、その反対に思い入れがまったくないという人も当然ながらいるはずだ。東京タワーは、二〇一二年に開業したスカイツリーに電波塔の役割を移し、また、〈高さ〉の上でも日本一の座を譲ることになった。だが、東京タワーは今とは大きく異なる高度成長期に登場し、変化していく日本社会とともに長い歴史を刻んできたのであり、その過程で国民は直接的にでも（メディアを介して）間接的にでも関わり、それぞれに濃淡の思い出を享受してきた。

本書では、こうした東京タワーの歴史とともに、当時の映画とテレビの話を書いてきた。そして、それらを取り結ぶものが『マンモスタワー』だったのであり、このドラマのことを紹介できたことは、大変嬉しく思う。この本の企画段階から相談に乗っていただき、書籍化につなげていただいた筑摩書房の松田健氏、原稿に対して数多くの有意義な助言をいただいた方便凌氏には、心より感謝申し上げる。

最後に私事ながら、いつも支えてくれている家族にも、ありがとうと伝えたい。刊行後には、再び、家族で東京タワーを訪れることを楽しみに。

北浦寛之

二〇二三年九月

ちくま新書
1758

東京《とうきょう》タワーとテレビ草創期《そうそうき》の物語《ものがたり》
——映画《えいが》黄金期《おうごんき》に現《あらわ》れた伝説的《でんせつてき》ドラマ

二〇二三年一一月一〇日　第一刷発行

著　者　北浦寛之（きたうら・ひろゆき）

発行者　喜入冬子

発行所　株式会社　筑摩書房
東京都台東区蔵前二-五-三　郵便番号一一一-八七五五
電話番号〇三-五六八七-二六〇一（代表）

装幀者　間村俊一

印刷・製本　三松堂印刷　株式会社

ISBN978-4-480-07589-5 C0274

1695
ルポ 動物園
佐々木央
「15年間の取材、750回の連載執筆で見えたもの」。共同通信の記者が全国をまわって考えた、動物園・水族館の過去、現在、そして未来。

1696
戦争と平和の国際政治
小原雅博
元外交官の著者が、実務と理論の両面から国際政治を動かす本質を明らかにし、ウクライナ後の国際秩序の変動、また米中対立から日本も含め予想される危機に迫る。

1697
ウクライナ戦争
小泉悠
2022年2月、ロシアがウクライナに侵攻した。21世紀最大規模の戦争はなぜ起こり、戦場では何が起きているのか？ 気鋭の軍事研究者が、その全貌を読み解く。

1698
ルポ 脱法マルチ
小鍜治孝志
「近くでいい居酒屋知らない？」。ついていったらマルチだった。毎日新聞の記者が、謎の「事業家集団」の実態に迫るルポルタージュ。

1699
親は選べないが人生は選べる
高橋和巳
どんな人も、生まれる環境や親は選べないが、そこから自分の人生を自由に選ぶことはできる。カウンセリング経験豊かな精神科医が「親との別れ方」を指南する。

1700
つながりの哲学的思考
——自分の頭で考えるためのレッスン
米山優
「自分の頭で考える」ことはなぜ大切で、なぜ難しいのか。〈つながり〉という視点から人間の思考をとらえなおすことで、哲学することの本当の意味を考える。

1701
ルポ 副反応疑い死
——ワクチン政策と薬害を問いなおす
山岡淳一郎
新型コロナワクチン接種後の死亡者は1900人に迫る。補償救済制度が存在するも驚くほど因果関係が認められない。遺族、解剖医、厚労省等に取材し真実に迫る。

ちくま新書

ちくま新書

1709
読むワイドショー
パオロ・マッツァリーノ

ワイドショーのコメンテーターとは何者なのか。画面隅の小窓をなぜワイプというのか。――テレビと芸能の世界の謎を調べまくる。タブーなき芸能メディア文化論。

1710
シン・中国人
――激変する社会と悩める若者たち
斎藤淳子

進む少子化、驚愕の結婚・住宅事情、若者世代の奮闘と苦悩……市井の人々の「ガチ素顔」を現地からレポート。圧縮された発展の激流の中で生きる中国人のリアル。

1711
村の社会学
――日本の伝統的な人づきあいに学ぶ
鳥越皓之

日本の農村に息づくさまざまな知恵は、現代社会に多くのヒントを与えてくれる。社会学の視点からそのありようを分析し、村の伝統を未来に活かす途を提示する。

1712
東北史講義【古代・中世篇】
東北大学日本史研究室編

辺境の地として倭人の大国に侵食された古代。豊かな天然資源が交易を支え、活発な交流が多様で独自性に富んだ地域を形成した中世。東北の成り立ちを読み解く。

1713
東北史講義【近世・近現代篇】
東北大学日本史研究室編

米穀供給地として食を支え、近代以降は学都・軍都として人材も輩出、戦後は重工業化が企図された。度重なる災害も念頭に、中央と東北の構造を立体的に描き出す。

1714
職場のメンタルヘルス・マネジメント
――産業医が教える考え方と実践
川村孝

社員が会社に来なくなった……。悩ましい事例にどう対応したらよいか。実務から考え方まで、管理職や人事担当者が押さえておくべきポイントをわかりやすく解説。

1715
脱炭素産業革命
郭四志

今や世界的な潮流となっているカーボンニュートラルへの動きは、新しい生産・生活様式をもたらす新段階の産業革命である。各国の最新動向を徹底調査し分析する。

ちくま新書

1716
よみがえる田園都市国家
——大平正芳、E・ハワード、柳田国男の構想
佐藤光
近代都市計画の祖・ハワードが提唱した田園都市は、柳田国男、大平正芳の田園都市国家構想へとどのように受け継がれてきたか。その知られざる系譜に光を当てる。

1717
マイノリティ・マーケティング
——少数者が社会を変える
伊藤芳浩
マーケティングは、マイノリティが社会を変える武器になる。東京オリパラ開閉会式放送への手話通訳導入などに尽力したNPO法人代表が教えるとっておきの方法。

1718
金正恩の核兵器
——北朝鮮のミサイル戦略と日本
井上智太郎
金正恩の核兵器をいかに封じるか。ミサイル発射による挑発。背後に見え隠れする中国とロシア。カネと核技術の世界ネットワーク。北朝鮮の戦略を読み解く。

1719
心理学をつくった実験30
大芦治
パヴロフの犬、エビングハウスの忘却曲線から、ミルグラムの服従実験やマシュマロテストまで。30の名実験を紹介しつつ、心理学の流れを一望する画期的入門書!

1720
主権者を疑う
——統治の主役は誰なのか?
駒村圭吾
「最終的に決めるのは主権者たる国民の皆様です!」しかし主権とは何で、主権者とは誰なのか? 恐怖と期待に満ちた〝取扱い注意〟の概念を掘り下げる禁断の書。

1721
紛争地の歩き方
——現場で考える和解への道
上杉勇司
カンボジアからシリア、ボスニアまで世界各地の紛争地で現地の平和に貢献する活動を行ってきた国際紛争研究者が、紛争の現場を訪ね、和解とは何かを問いなおす。

1722
K-POP現代史
——韓国大衆音楽の誕生からBTSまで
山本浄邦
K-POPの熱狂は、いかにして生まれたのか? 日韓関係、民主化、経済危機、ヒップホップ、アイドル、ロック、演歌——国境もジャンルも越えた激動の一〇〇年史。

1730
B-29の昭和史
――爆撃機と空襲をめぐる日本の近現代
若林宣
B-29はいかにして、太平洋戦争そのものを象徴する存在になったのか。戦略爆撃機の開発から『火垂るの墓』まで、豊富な資料で読み解く縦横無尽のB-29史。

1731
ゴルフ白熱教室
本條強
ゴルフにただ一つの正解はない。あるのはあなたに合う方法だけ。この中には、何年たってもよくならないあなたのスコアをよくするヒントが必ずあります。

1732
写真が語る銃後の暮らし
太平洋戦争研究会
一九三一年から四五年を中心に世相、事件、生活を資料性の高い貴重な写真で振り返る。歓喜から絶望へと突き進んだ戦時下をしたたかに生き抜いた人々の日常。

1733
日本型開発協力
――途上国支援はなぜ必要なのか
松本勝男
緊迫する国際情勢において途上国支援の役割とは何か。欧米とも中国とも異なる日本独自の貢献のかたちを紹介しつつ、めざすべき開発協力のあり方を提示する。

1734
中世哲学入門
――存在の海をめぐる思想史
山内志朗
基本用語を解説しつつ、存在の問題からアヴィセンナの存在論、存在の一義性、個体化論、普遍論争へと、存在の海をめぐる思想史を丁寧に案内する決定版入門書。

1735
そのまま仕事で使える英語表現189
キャサリン・A・クラフト
里中哲彦編訳
その表現、実は失礼かも？　ビジネス英語は微妙な言葉選びが結果に大きく影響します。ただ伝わるだけでなく丁寧に伝えるための、そのまま使える必携フレーズ集。

1736
日本人が知らない戦争の話
――アジアが語る戦場の記憶
山下清海
かつて、私たちは何をしたのか。長年アジア各地で人びとの声に耳を傾けてきた地理学者が、日本人がけっして忘れてはいけない戦争の理不尽な現実を明らかにする。

ちくま新書

1737 日本のビールは世界一うまい！——酒場で語れる麦酒の話 永井隆

しのぎを削る商品開発、市場開拓、価格競争。生論争・ドライ戦争など、大ヒットの舞台裏。発祥から現在までの発展史を一望して見えた世界一のうまさの秘訣とは。

1738 「東京文学散歩」を歩く 藤井淑禎

戦後、大ブームとなった文学散歩とその火付け役となった野田宇太郎『東京文学散歩』の足跡を求めて、現在の東京を訪ね歩き、新たな散歩の楽しみ方を提案する。

1739 ウクライナ動乱——ソ連解体から露ウ戦争まで 松里公孝

ウクライナの現地調査に基づき、ロシアのクリミア併合、ドンバスの分離政権と戦争、ロシアの対ウクライナ開戦準備など、その知られざる実態を内側から徹底的に解明。

1740 資本主義は私たちをなぜ幸せにしないのか ナンシー・フレイザー 江口泰子訳

資本主義は私たちの生存基盤を食い物にすることで肥大化する矛盾に満ちたシステムである。世界的政治学者がそのメカニズムを根源から批判する。（解説・白井聡）

1741 報道弾圧——言論の自由に命を賭けた記者たち 東京新聞外報部

新型コロナ発生を指摘して拘束、軍事機密をスクープしたら国家反逆罪で逮捕、政権批判で暗殺、スパイ容疑で死刑。むき出しの報道弾圧と戦う記者たちを描く。

1742 創造性はどこからやってくるか——天然表現の世界 郡司ペギオ幸夫

考えもしなかったアイデアを思いつく。急に何かが降りてくる——。そのとき人間の中で何が起こっているのか。まだ見ぬ世界の〈外部〉を召喚するためのレッスン。

1743 民間企業からの震災復興——関東大震災を経済視点で読みなおす 木村昌人

関東大震災で壊滅した帝都。その時実業家・企業・財界・地方都市はどう動いたか。後の時代の帝国の経済地図を塗り替えた復興劇を、民間経済の視点で読みなおす。

ちくま新書

1744
病が分断するアメリカ
――公衆衛生と「自由」のジレンマ
平体由美
なぜアメリカは、コロナ禍で世界最悪の死者数となったのか？　20世紀初頭以来の公衆衛生史を繙きつつ、収入・居住地域・人種などで分断された現状を探る。

1745
福沢諭吉　変貌する肖像
――文明の先導者から文化人の象徴へ
小川原正道
福沢の思想は毀誉褒貶にさらされてきた。その世論の動向を見ていけば日本近現代史が見えてくる。福沢評価の変遷の系譜をたどり、福沢の実像を浮かび上がらせる。

1746
古代史講義【海外交流篇】
佐藤信編集
邪馬台国・倭の五王時代から、平安時代の鴻臚館交易まで、対外交流のなかから日本という国が立ち現れてくる様を、最新の研究状況を紹介しながら明らかにする。

1747
大還暦
――人生に年齢の「壁」はない
島田裕巳
これが、日本版「LIFE SHIFT」だ！　人生120年時代、もはや今までの生き方は通用しない。最期まで充実して楽しく過ごすヒントを、提案する。

1748
エネルギー危機の深層
――ロシア・ウクライナ戦争と石油ガス資源の未来
原田大輔
今世紀最大の危機はなぜ起きたか。ウクライナ侵攻と一連の制裁の背景をエネルギーの視点から徹底的に読み解き、混迷深まる石油ガス資源の最新情勢を解きほぐす。

1749
現代フランス哲学
渡名喜庸哲
構造主義から政治、宗教、ジェンダー、科学技術、エコロジーまで。フーコー、ドゥルーズ、デリダに続く、変容する時代を鋭くとらえる強靭な思想の流れを一望する。

1750
ガンディーの真実
――非暴力思想とは何か
間永次郎
贅沢な食、搾取によってつくられた服、宗教対立、そして植民地支配。西洋文明が生み出すあらゆる暴力に抗う思想・実践としての「非暴力」に迫る。